Instagram Marketing

企業アカウントの悩みを解決

インスタ
マーケティング

元SHIBUYA109の
SNS担当者が教える

株式会社ウルフ
遠藤 優

Gakken

100万人にファンに
なってもらうには？

　この本は、おもに「企業」の公式 Instagram アカウントを運用している人、最近運用を任された人のために書きました。

「毎日投稿しているのにフォロワーが伸びない」
「頑張って投稿しているのに『いいね』やコメントをもらえない」
「どこを改善すれば成果があがるかわからない」

　などといった悩みは、この本で紹介する方法を実践していただければ解決するはずです。

　私は、2021年3月に「株式会社ウルフ」を創業し、SNS運用の代行やコンサルティングを行っています。個人でもグルメのアカウントを運用していて、Instagram のフォロワーは77万人、ほかのSNSも合わせると180万人にフォローしていただいています。

　この本では、そんな私の実践と研究にもとづいた「インスタマーケティング」の方法をご紹介していきますが、まずは私のこれまでの経験についてお話しさせてください。

■ SHIBUYA109のアカウントで「おはよう」と投稿

　私のSNSのキャリアは、「SHIBUYA109」のSNS担当から始まりました。それまでは、マーケティング事業部でWEB戦略の領域のデジタル活用や、ショップスタッフを活用したプロモーションなどを担当していました。

　当時、SNSは若いアルバイトのスタッフが一人で更新を行っており、その方がやめることになったので、後任が決まるまで一時的に私が更新作業をす

ることになりました。
恥ずかしながらX（旧Twitter）はおろかSNSをほとんど触ったことのない状態からのスタートでした。“ポスト（ツイート）する”ことすらわからず、アルバイトのスタッフに呆れられながら教えてもらっていました。

当時のSHIBUYA109のアカウントは「企業の目線」で情報発信を行っており、過去の投稿を見返してみると、フォロワー（当時７万人程度）の数に対して「いいね」は少なく、リプ（コメント）もほとんどないことに違和感を覚えました。**７万人のフォロワーがいても、それは単なる数字でしかなく、企業とユーザーとのあいだに何もコミュニケーションが生まれていなかったからです。**

前々職では百貨店で販売を行い、たくさんのお客さん（ファン）を抱えていた私にとって、SNSもデジタル上の接客と考えて接してみればいいのでは？　という考えに至りました。
そこで、私が最初に投稿したのが「おはよう」という挨拶でした。SHIBUYA109に関する情報などは何も入れていません。
すると「おはよう」のコメントが返ってきました。このとき「ちゃんとつながっている」と手応えを感じ、SHIBUYA109の**“中の人”として愛着や親近感を持ってもらえるようにアカウント運用の方針を変更**しました。その結果、フォロワーを７万から22万人まで増やすことに成功しました。このSNS上でコミュニケーションを活性化させたことが、本書で解説するインスタマーケティングの原点といえます。

Instagramユーザーのリアクションを100倍に

次の課題はInstagramでした。当時のフォロワーは２～３万程度。世間では企業のInstagram活用も活発になっていて、SHIBUYA109のテナントとして入っているブランドのアカウントと比較しても少ないほうでした。
「フォロワーが少ないまま続けるのは“逆ブランディング”になるので、やめてしまったほうがいい」という声すらありました。
しかし、Z世代をターゲットとするSHIBUYA109がInstagramをやめる

のは致命的です。当時のSHIBUYA109総支配人と議論を重ね、Instagram
の運用も一任していただくことになりました。

　Instagramはすでに"インスタ映え"をシェアする場ではなく、グルメや
ファッション、旅行などに関する情報を得られる場としてさまざまなユーザ
ーが活用していました。

　一方でSHIBUYA109のアカウントは、ショップの商品を置き撮りした写
真を投稿しているだけ。これではユーザーはInstagramを見るメリットがあ
りません。商品をくわしく知りたいのなら各ブランドのSNSや公式通販サイ
トを見ればいいだけです。

　そこで、ショップや商品を紹介するアカウントでなく、"流行メディア"
としてZ世代が喜ぶ情報を発信するように軌道修正しました。かつてアパ
レルの聖地や流行の発信源といわれたイメージを利用し、SHIBUYA109が
発信する情報はトレンドであると思ってもらうのです。

　**すると変更後の1投稿目から「いいね」はそれまでの5倍以上つき、「リ
ーチ数」も過去最高になりました。**ユーザーがInstagramに何を求めている
か理解せず、一方的な発信をしていたことをあらためて痛感したのです。

　流行メディアとして運用していたため、ショップとは直結しないトレンド
情報も出しました。こういった路線変更には社内で反対の意見も多数ありま
したが、コンセプトとして存在意義を明確にしながら、フォロワーの増加や
売上・集客につながっていることを実証できたため、今でもこの運用は変わ
っていないようです。

　アカウント同士の結びつきを表す「エンゲージメント」が増え、フォロワ
ーが爆増してきたタイミングで、SHIBUYA109で買えるスニーカーやトッ
プスの特集をしたところ、私が運用する以前の投稿と比べて**「いいね」「保存」
などあらゆるリアクションが100倍以上になり、200万を超えるユーザー
に情報が拡散され、いわゆるバズが起こりました。**

　さらに、そのとき紹介した商品は、SHIBUYA109のテナントに入ってい
る店舗だけでなく、日本各地の全店舗で即完売となったそうです。

　また、当時はあまり活用していなかった「ストーリーズ」でコミュニケー

ションを強化しました。

　一般のユーザーやインフルエンサーが発信している投稿をSHIBUYA109から紹介することで、紹介されたユーザーが自分のアカウントで拡散してくれて、どんどんフォロワーが増加していきました。

■ フォロワーとのコミュニケーションが重要！

　SHIBUYA109のフォロワーを増加させましたが、もともと認知度は高かったため当然の結果です。この理論やテクニックを使い、無名のアカウントでも効果が出せることを実証するために、個人アカウント「ウルフ」を開設しました。

　当時からInstagramにもグルメ関連の投稿はありましたが、食べた感想や写真のみの日記のような発信で、情報としては足りていなく、情報サイトの口コミも信用できないといわれているときでした。そこで**誰よりも情報量があり、正直な食レポを発信するコンセプトで活動を開始しました。**

　現在のフォロワーは77万人で、飲食店紹介のアカウントとしては国内2位の数です。アカウントを急成長させることができたのは、販売をしていた経験と SHIBUYA109 の実績から、フォロワーに向き合い、愛着や親近感も持ってもらえることを大切にしたからだと思っています。

　企業の公式アカウントで、フォロワーとのコミュニケーションを大切にしているアカウントがはたして国内にいくつあるでしょう？
　Instagramのミッションはこのように発表されています。
「大切な人や大好きなことと、あなたを近づける」
　近づけるために、**もっとも重要なのが「コミュニケーション」**です。
では、どうやってコミュニケーションの質と量を上げていくか？
より多くの人に自社の商品を知ってもらうにはどうすればよいか？
どのようにして購入や集客につなげるか？
　本書では、そのお話をしたいと思います。

　ところで、「フォロワー」というと無機質でただの数字のように聞こえる

ため、フォロワーのことを「あなたや、あなたの会社の商品・サービスが好きなファン」と定義して、読んでください。

Instagram は、ほかのSNSと比べて、一度ファン（フォロワー）を獲得すると最低限のリーチ数が確保でき、情報拡散が担保できるプラットフォームです。そのため、TikTok や YouTube よりも安定した発信力がある点が魅力です。

自社の発信だけでなく、それを見たファンや第三者からの投稿（いわゆる UGC）によりバズを起こすことも期待できます。

とはいえ、企業の担当者がInstagram のフィードやリールを駆使して発信するのは何かと荷が重いかもしれません。そこで、**最初は「ストーリーズ」から発信をしていきましょう**。ストーリーズはフィードやリールと違い、ユーザーもゆるい気持ちで投稿を見てくれます。

■ 「インスタマーケティング」は難しくない

この本は、次のような構成になっています。

まずChapter1では、「インスタマーケティング」の概要を説明します。ここで、**Instagram のアルゴリズムのしくみやユーザーの行動原理などを大まかにつかんでください**。そうすると、フィードやリールでどのような投稿をすればいいか、ストーリーズを活用してどんなコミュニケーションをとればいいかなど、のちの Chapter の内容がわかりやすくなると思います。

コミュニケーションを重ねて　　　商品・サービスに　　　購入してもらえる
関係を深める　　　　　　　　　興味を持ってもらう　　　可能性が高まる

Chapter2では、「運用体制」づくりについて解説します。まずは目標を設定しましょう。**企業アカウントは個人と異なり、複数でチームを組んで作業**

をしたり、担当者が交代したりするケースがあると思います。その場合でも、コンテンツの世界観を保ちながら投稿していく方法を紹介します。

Chapter3から、いよいよInstagramのアカウント運用の実践です。まず「プロフィール」の重要性について理解したら、アカウント運用の方向性を決めましょう。そして、ユーザーにフォローしてもらえるようにプロフィール文などを整えます。

Chapter4は、クリエイティブ、つまりコンテンツ（投稿）づくりのお話です。フィードやリール投稿のコツや投稿文（キャプション）の書きかた、写真の撮りかたなどを細かく解説していきます。ユーザーが思わず「いいね」「保存」したくなる投稿がつくれるようになるはずです。

Chapter5は、コンテンツづくりと同じくらい重要なコミュニケーションについて説明します。おもにストーリーズでユーザーと交流を深め、ファンを増やしていきましょう。コメントの返信やリポスト（再投稿）、DM（ダイレクトメール）など、企業アカウントがおろそかにしがちなポイントについても説明していきます。

Chapter6では、広告を中心としたマーケティング施策について解説しています。アカウントの開設直後にフォロワー数を伸ばしたり、商品やブランドの認知を高めたりする効果が期待できます。

「インスタマーケティング」というと難しそうに聞こえますが、この本で説明している方法を実践するのに、特別なスキルや多額の予算は必要ありません。すぐに売上はアップしないかもしれませんが、長い時間をかけて地道に続けているうちに成果に結びついていきます。

まずは、あなたが自社を好きでいてくれるファンとInstagramを通じてどう向き合うか。ファンとのコミュニケーションを楽しむつもりで取り組んでください。

2023年9月　遠藤 優

CONTENTS

Chapter 3

親近感を持ってもらえる
「プロフィール」の整備

CONTENTS

CONTENTS

Chapter

1

Instagramで集客・売上がアップする

インスタマーケティング
の基本

Chapter1では「インスタマーケティング」の概要について説明します。企業アカウントの成長が伸び悩む理由のひとつに、担当者が「Instagramは商品・サービスのPRの場である」と勘違いしている点があげられます。つまり、ユーザーに一方的に情報を提供するだけで終わってしまっているのです。

Instagramはコミュニケーションツールです。投稿でフォロワーとコミュニケーションをとり、より自社のファンを増やすことが大切です。ほかにもInstagramでモノが売れるしくみなど、アカウントを運用するにあたり身につけておくべき基礎知識を解説していきます。

\ Instagram のススメ /

なぜ Instagram が
売上アップにつながるのか？

ユーザーとの「親密度」アップが成功のカギ

インスタマーケティングは難しくない

Instagramをビジネスで活用して売上や集客を伸ばしている企業が増えています。Instagramでどうやってモノが売れるのか。そのしくみはそれほど複雑なものではありません。

正しいInstagramの運用をすれば、企業アカウントでも、多くのユーザーの「おすすめ」や「発見タブ」に自社の投稿を表示させることができます。これは言い換えるなら、自社の投稿を気に入ってくれそうなユーザーをInstagramのAIが探してマッチングさせるということです。

そのためには、**企業から一方的な発信をせず、「親密度」が高まるような運用をしていかなければいけません。**

「親密度」とは、Instagramのアルゴリズムから算出される数値で、利用者には公開されていません。しかし、どうすれば「親密度」が上がるかはわかっています。

「親密度」を上げるのは、ユーザーに自社のファンになってもらうこと、と言い換えられます。その意味でインスタマーケティングは「ファンマーケティング」ともいえます。

「親密度」を上げるのに特別な能力やセンスは必要ありません。正しいやりかたを実践し、少しの手間と時間をかければ誰でも成功できるのです。本書では、その方法を紹介していきます。

Instagramで商品・サービスが売れるまで

STEP 1
ユーザーとの
親密度が高まる

STEP 2
投稿が
「おすすめ」や「発見タブ」に
表示される

STEP 3
ユーザーが
商品・サービスの
ファンになる

STEP 4
購買につながる

\ 消費者の購買行動プロセス /

ユーザーは商品を買うまでに
どんな行動をとるのか？

プロセスごとの対応を考える

商品を知ってから購入までの5つの行動

　Instagramでモノが売れるしくみについてもう少し説明します。マーケティングの分野で、「AISAS（アイサス）」と呼ばれる理論が知られています。これは「Attention（注意）」「Interest（興味）」「Search（検索）」「Action（行動）」「Share（共有）」の頭文字を組み合わせたもの。**インターネットが発達した社会で、消費者が商品・サービスを知り、実際に購入するまでの流れを5つのプロセスで表しています。**

A …… Attention（注意）　商品・サービスを認知する

　消費者が商品・サービスに注意を向ける（認知する）段階です。企業は、できるだけ多くの潜在顧客に情報が伝わるように発信を行います。

I …… Interest（興味）　商品・サービスに興味を持つ

　商品・サービスの存在を知った消費者が興味を持つ段階。企業は、ユーザーが思わずタップしたくなるような投稿をしていきます。

S …… Search（検索）　商品・サービスの情報を検索する

　商品・サービスに興味を抱いた顕在顧客が情報を集める段階です。企業は、ユーザーの知りたい情報を投稿文に掲載したり、自社サイトの商

品紹介ページを整備したりします。

A …… Action（行動）　商品・サービスを購入する

　商品・サービスについて検討し、実際に購入する段階です。Instagram
のアプリのなかでユーザーに購入してもらうことはできませんので、
ECサイトへ誘導するなどの工夫を施します。

S …… Share（共有）　商品・サービスに関する口コミを発信する

　実際に購入したユーザーが、口コミやレビューを発信する段階です。
企業は、ユーザーの投稿をリポスト（再投稿）したり、投稿で紹介した
りします。

　本書ではさまざまな実践法を紹介していますが、**つねに購買行動プロ
セスを念頭に置いておくと、より効果的な投稿をしたり、ユーザーとコ
ミュニケーションをとったりできる**でしょう。

◉ **InstagramにおけるAISASモデル**

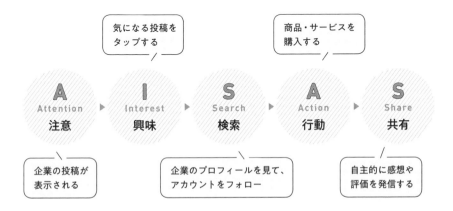

\ Instagram のビジネス活用 /

売上アップ以外の
メリットも大きい

企業としてInstagramに取り組むべき理由

Instagram の効果を最大化する

　企業が営利組織である以上、Instagram のアカウントを運用する目的も売上アップにあると思います。ここでは、少し視点を変えて企業がInstagram を運用するメリットを紹介します。

メリット❶　低コストでコンテンツがつくれる

　Instagram はユーザーが手軽に投稿をしていることからも明らかなように、コンテンツ制作に手間や費用があまりかかりません。アカウントの開設は無料ですし、写真や動画の撮影もスマートフォンで十分です。**費用対効果が大きいことはビジネス上の大きな利点といえます。**

　とはいえ、低コストでコンテンツをつくれることと、コンテンツが売上アップにつながることは別の話です。企業アカウントのほとんどがユーザーとのコミュニケーションをおろそかにしているために、成功しているアカウントは多くありません。**低コストのメリットを活かすためには、コミュニケーションにも注力しましょう。**

メリット❷　商品・サービス開発の参考にできる

　ユーザーとのコミュニケーションを密にすることによって、ユーザーのニーズをつかみやすくなります。**既存商品の改善に役立てたり、新商**

品のアイデアを得たりできるわけです。

　実際、Instagramでモニターを募り、商品を一緒に開発するなどの試みを行っている企業もあります。

　企業アカウントを中心につくられたInstagramのコミュニティには、既存顧客・新規顧客が集まっています。そこでニーズに合う商品を紹介すれば、購買につながる可能性も大きいでしょう。

　Instagramはマーケティングツールとして有効な手段になります。

　メリット❸　人材獲得の手段として使える

　Instagramの企業アカウントには、その企業と親密にある人が集まっています。もしもスタッフとして迎え入れれば、高いモチベーションで仕事をしてくれることが期待できます。商品・サービスに対する豊富な知識は、仕事をするうえで大きなプラスになるでしょう。

　優秀な人材を集めるには、マッチングサイトやSNSに募集広告を出すのが一般的です。しかし、**広告コストをかけずに、理想に合った人材が獲得できてしまう**のもInstagramの魅力です。実際に私が担当していたSHIBUYA109では、求人広告を利用せずInstagramでアルバイトやインタビューの募集を行って人材獲得をしていました。

　このようなInstagramの魅力を知っておくと、SNS担当者としてインスタマーケティングを行うモチベーションも上がります。

\ ユーザーから見た Instagram /

Instagram は「インスタ映え」を シェアするものではない

ユーザーは情報取得ツールとして活用

「インスタ映え」「若者のSNS」のイメージを捨てる

ユーザーの目線から見るとInstagramとはどのような存在なのでしょうか？

ICT総研が行った「2022年度SNS利用動向に関する調査」によると、**InstagramなどSNSの利用目的は、「仕事や趣味などの情報収集目的」（44.0%）がもっとも多くなっています。**

Instagramといえば、いわゆる「インスタ映え」する写真を共有する目的で使うイメージがありますが、今ではそのような目的で利用している人はそれほど多くありません。

また、総務省が公表した「令和3年度情報通信メディアの利用時間と情報行動に関する調査」によると、Instagramの年代別利用率は、10代（72.3%）や20代（78.6%）の多さが目立つものの、**30代（57.1%）や40代（50.3%）も半数以上を占めています。**現在ではInstagramはけっして「若者だけのSNS」でないことがわかります。

企業のSNS担当者としてインスタマーケティングを行う際は、「インスタ映え」する写真や動画を投稿することはあまり得策ではないわけです。また、自社の商品・サービスが10〜20代の若年層ではなく30〜40代をおもなターゲットにしていたとしても、Instagramを通じてファンをつくることは十分に可能です。

● SNSを利用する理由

理由	割合
仕事や趣味などの情報収集目的	**44.0**%
知人同士の近況報告	**37.1**%
SNSを通じて、人とつながっていたい	**23.6**%
自分の行動記録を残しておきたい	**19.3**%
写真や動画などの投稿を見てもらいたい	**14.5**%
仕事やビジネスなどで連絡を取りたい	**14.5**%
「いいね」などのリアクションが欲しい	**13.1**%
仲間外れにされたくない	**3.3**%
その他	**1.1**%
特に目的はない	**22.2**%

出典：ICT総研「2022年度SNS利用動向に関する調査」

● おもなSNSの年代別利用率

（単位：%）

	全年代	10代	20代	30代	40代	50代	60代	70代
Instagram	48.5	72.3	78.6	57.1	50.3	38.7	13.4	5.2
TikTok	25.1	62.4	46.5	23.5	18.8	15.2	8.7	3.8
X（旧Twitter）	46.2	67.4	78.6	57.9	44.8	34.3	14.1	5.9
Facebook	32.6	13.5	35.3	45.7	41.4	31.0	19.9	8.3
LINE	92.5	92.2	98.1	96.0	96.6	90.2	82.6	60.0
YouTube	87.9	97.2	97.7	96.8	93.2	82.5	67.0	33.8

出典：総務省「令和3年度情報通信メディアの利用時間と情報行動に関する調査」

企業アカウントでも
一般ユーザーに投稿が届く

自社と親密にある人とコミュニティをつくれる

ほかのSNSにはない特徴を理解しておく

　ここでは、InstagramとほかのSNSとの違いを説明しましょう。概要は右ページの表にまとめましたが、とくに知っておいてほしいのは次の点です。

❶ InstagramはDMによる交流が活発

　InstagramのユーザーはLINEのようにDMでやりとりをしています。私が大学生と話をしていると、友人とはLINEではなくInstagramのDMで連絡を取り合う、という人が何人もいました。LINEよりもInstagramを見れば、その人が何が好きでどんな趣味や傾向があるかわかるため親睦を深めやすいそうです。

　そのため、**Instagramでほしいもの、食べたいもの、行きたいところなど気になることがあれば、Instagram内でシームレスにシェアして予定などを決める**のです。これがほかのSNSにはないInstagramの大きな強みであり特長といえます。

❷ Instagramはファンに継続的にリーチできる

　Instagramは**一度ファンを獲得すれば継続的にファン（フォロワー）にリーチできます**。これはMeta社が「大切な人や大好きなことと、あ

おもなSNSの特徴

	Instagram	TikTok	X（旧Twitter）	Facebook
国内 利用率 ※	48.5%	25.1%	46.2%	32.6%
メッセージ 機能	DM	DM	DM	メッセンジャー
フィードの 表示	・フォロー中の 　アカウント ・おすすめの 　投稿	・フォロー中の 　アカウント ・おすすめの 　投稿	・フォロー中の 　アカウント ・おすすめの 　投稿	・フォロー中の 　アカウント
特徴	写真が中心のSNSだったが、リールやストーリーズなど動画での発信も主流に	ショートムービーブームの火付け役。短尺だったが、最近では3分以上のロング動画も投稿されている	写真や動画も投稿できるが、基本的にはテキストが中心となるSNS	アカウントを実名で登録するため、個人がビジネス目的で利用する傾向があるSNS

※「国内利用率」は、総務省「令和3年度情報通信メディアの利用時間と情報行動に関する調査」より

なたを近づける」というミッションを掲げ、それにもとづいたプラットフォームを築いているからです。ユーザーからの投稿に対するリアクションや、DM・コメントなどでコミュニケーションがとれている関係でいれば、企業アカウントでも優先的にファンに投稿が届くのです。

　インスタマーケティングを行ううえで、以上のような Instagram の特徴も頭に入れておきましょう。

検索から「おすすめ」の時代へ

ユーザーは「おすすめ」で未知の情報に出会う

自社の投稿を「おすすめ」に表示させる

　20ページで、InstagramなどのSNSは情報取得のツールだといいました。では、どのように情報を得ているのか、もう少しくわしく説明しましょう。

　かつては、「情報を知りたい」（たとえば、都内のおいしいラーメン店を探したい）と思ったら、Googleや食べログなどにアクセスして情報を集め、お店を選んでいました。

　しかし、今は**Instagramで「おすすめ」されるお店や料理に興味を持ち**、そのあと情報を集めて、お店を訪れるユーザーが増えています。

　つまり、これまではみずから能動的に情報を集める人が多かったのに対し、これからは**「おすすめ」で未知の情報に出会い、新しい発見をして行動に移していく**、というユーザーが増えていくのです。

ユーザーは情報集めに疲れ始めている

　このような状況の背景としては、情報があふれすぎて、自分から新しい情報を集めるのにユーザーが疲れている点があげられます。また、Googleで検索すると、上位にはSEOを施したサイトが並びます。必ずしも多くのユーザーが評価しているサイトにアクセスできるとはかぎら

ず、自分の利益になる情報が得られなくなっているわけです。

　Instagramの「おすすめ」には、ユーザーの趣味・嗜好に合った投稿が表示されやすくなっています。そのため、自分のジャンルの好きなものや、Instagramからの「こういう投稿も好きなのでは？」という提案が表示され、新しい出会いが生み出されます。それらはクリエイターたちが、有益な情報の発信やユーザーに楽しんでもらえる投稿について試行錯誤しながらつくり出したものです。

　多くのユーザーはハッシュタグ検索などでなく、「発見タブ」で新しい「好き」や「こと」に接触し、購買行動がInstagram起点になるケースが多くなっているのです。自社の売上アップにインスタマーケティングが欠かせない理由はそこにあります。

　インスタマーケティングは、**自社の投稿をいかにユーザーの「おすすめ」や「発見タブ」に表示させるか**がポイントです。その具体的な方法は、本書のChapter4などで説明していきます。

● ユーザーの行動の変化

食べたいと思ってから情報収集　　　　情報を見てから食べたいと思う

\ UGC の重要性 /

Instagramでは
一般ユーザーの投稿が価値を持つ

ほかのユーザーの口コミに興味を抱く

ファン獲得＆売上アップのために口コミを活用する

インスタマーケティングではUGCが成功のカギを握ります。UGCとは「User Generated Content（ユーザー生成コンテンツ）」の略で、Instagramでは一般ユーザーの投稿を指し、いわゆる自社についてのポジティブな「口コミ」と思ってください。

Instagram においては、**企業からの一方的に送り出される広告的な投稿にユーザーは興味を示しづらい**ものです。素直にユーザーが購買してくれることは多くないでしょう。

ECサイトなどでは、ユーザーは商品の情報そのものよりも、使用者の口コミを参考に購入を判断します。**企業が提供する情報よりも、一般ユーザーの生の声のほうが参考になると考える**からです。自分と親しい友人や、好きなインフルエンサーのアカウントが「良い」「好き」と言っている商品・サービスにユーザーは興味を持ちます。

また、自分が使ってみて気に入った商品ならば、別のユーザーにシェアしたくなるでしょう。そうやって、商品・サービスの価値を自発的にユーザーに拡散してもらえるしくみをつくれれば、ファンの獲得や売上につながるのです。

　では、どうやってユーザーに口コミを発信（UGCを投稿）してもらえばいいのでしょう？　もちろん、フォロワーの多いインフルエンサーに依頼することで自社サービスの認知や売上アップにつなげる方法もありますが、コストがかかったりUGCがインフルエンサーだけになったりして、不信感をユーザーに抱かせることもあります。

　そもそも自社の商品・サービスが口コミを投稿したくなるようなものであることが必要です。グルメやアパレルなどは、UGCが発生しやすいジャンルといえるでしょう。

　しかし、より重要なのは、自社の商品・サービスに対しフォロワーに愛着を持ってもらうことです。そのためには、**日頃からファン（フォロワー）とコミュニケーションをとり、自社アカウントが信頼される**必要があります。

　具体的な方法はChapter5で説明しますが、たとえば、ユーザーの投稿を借りて企業アカウントで紹介すれば「ユーザーの投稿をしっかり見てくれている企業アカウント」と好印象を抱きます。1人でも多く熱量の高いフォロワーがいれば、とくに依頼をしなくても自発的に商品・サービスについて触れた投稿をしてくれるでしょう。

　14ページで「ファンマーケティング」と表現しましたが、ファンとの交流を深めUGCを増やすことがインスタマーケティングのポイントといえます。

◎ **売上アップにつながるUGC**

ユーザーの投稿は
信頼されやすく
購買にもつながる

アカウントをコミュニティに すればInstagramに評価される

多くのユーザーを集め積極的に交流する

Instagramのミッションにマッチした運用をする

　Meta社はInstagramについてどう考えているのでしょう？ Instagram のミッションを知っておくと、アカウント運用の指針になります。

　Meta社は自社のマーケティングにおけるInstagramの価値を「好き と欲しいをつくるInstagram」と表現し、**「コミュニティづくりを応援し、 人と人がより身近になる世界を実現する」**ことがミッションであると述 べています。

　これまで「一般ユーザーの投稿のほうが興味を持たれやすい」とお伝 えしましたが、広告がインスタマーケティングの主流とならないのは、 コミュニティづくりに貢献しないからです。

　Meta社が望むのは、**Instagramを通して興味でつながるコミュニ ティをつくり出し、ブランドへの共感や愛着が高められるアカウント**です。 このミッションを実現するためにさまざまな視点からアルゴリズムが設 計されています。だからこそ一方的な企業発信はユーザーからはもちろ ん Instagram側からも求められていません。ミッションを理解したう えでフォロワーとの関係をどのように構築してコミュニティ化していく かをあらためて考えてみてください。

　後ほどお伝えしますが、多くのフォロワーを獲得するためには既存の フォロワーからのエンゲージメント（いいね、保存）がないと、フォロ

ワー外のホームの「おすすめ」や「発見タブ」に掲載されません。今いるフォロワーといかにフィードやリール投稿、ストーリーズ、コメント、DMを駆使して関係を構築していくかが重要です。

Instagramのミッションの実現に貢献しているアカウントはInstagram側からの評価が高まります。ホームの「おすすめ」や「発見タブ」の露出が増えれば売上や集客にもつなげていける最初のステップになります。

このように、Instagramのミッションを実現するようにアカウントを運用することがインスタマーケティングでは重要です。.

では、具体的にどのようなことをすれば、Instagramのミッションの実現に貢献できるか、次の項で解説していきます。

◎ Instagramにおけるコミュニティづくり

アカウントに
フォロワーが
多く集まる

フォロワーに
役立つ情報を
発信している

投稿を
閲覧している
時間が長い

投稿に対して
活発に
反応している

\ ミッションにかなう行動 /

Instagram のコミュニティ化に つながる行動とは？

企業アカウントがとるべき 3 つの行動

Instagram 側から評価される投稿を心がける

　前項では、Instagram のコミュニティ化に貢献すれば、アカウントの評価が高まるとお伝えしました。では、企業アカウントとして具体的にどのような行動をとればよいのでしょうか。

❶ フォロワーの反応を引き出す投稿をする

「広告のような投稿はユーザーに関心を持たれない」と何度かお話ししていますが、**フォロワーのアクションを積極的に促すような投稿する**ことも大切です。内容がフォロワーの興味を引くものであるだけでなく、「い

いね」や「保存」をしたり、コメントを付けたくなったりする投稿を心がけましょう。

　とくに**投稿が「保存」されることは重要です。**フォロワーが投稿を「保存」するのは、あとでしっかりと内容を見返し、なんらかのアクションを起こそうと考えているからです。「保存」される投稿の多いアカウントは Instagram 側からの評価が上がります。

❷ 投稿内容（ジャンル）に一貫性を持たせる

たとえば、ある投稿ではグルメを紹介し、別の投稿ではファッションを見せる。このように投稿の内容に一貫性がないとInstagram側もそのアカウントがどんなジャンルを発信しているか理解できません。そのため「おすすめ」や「発見タブ」の露出につながりません。**Instagramに自社のアカウントがアパレルなのか、コスメなのか、グルメなのか、どのジャンルかなどを学習させなければいけないのです。**

❸ 新機能に積極的にチャレンジする

Instagramは日々改良が重ねられており、新しい機能が次々と搭載されています。Instagram側はほかのSNSをはじめ、映画や娯楽の動画配信サービスなどに負けず自分たちのプラットフォームにできるかぎり長い時間滞在してほしいと考えているはずです。

実際、**フィード投稿よりもリール（動画）のほうが多数のアカウントにリーチできるケースが増えています。**

リールのほうが写真の投稿より長時間Instagramに留まってくれるでしょう。そのため、リールをよく使うアカウントはフォロワー外に外部露出しやすい傾向があると予想しています。Instagramを含むSNSがユーザーの可処分時間を取り合いしているのです。フォロワーが多いアカウントや、ゼロから始めてすぐに成果の出ているアカウントのほとんどが、リール投稿をメインに運用しているものです。

動画を軸にした投稿だと、当然写真よりも情報量や表現の幅が大きいため、国内だけではなく海外のユーザーにも発信される傾向があります。

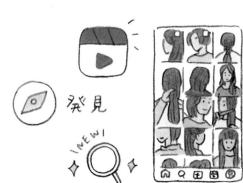

インスタマーケティングは3STEPを実践する

自社のファンを増やす3つの施策

インスタマーケティングの概要を把握しておく

　ここまでの話をふまえると、企業のSNS担当者がインスタマーケティングで行うべきことは、下記の3STEPにまとめることができます。具体的な実践法については、このあとのChapterで説明していきますので、ここでは全体の概要を理解しておきましょう。

● インスタマーケティングの3STEP

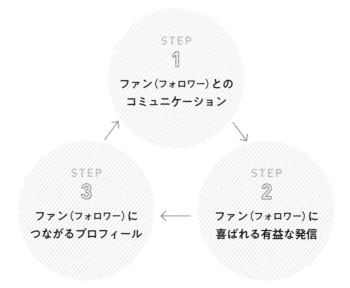

STEP 1 ファン（フォロワー）とのコミュニケーション

STEP 2 ファン（フォロワー）に喜ばれる有益な発信

STEP 3 ファン（フォロワー）につながるプロフィール

STEP 1 ｜ ファン（フォロワー）とのコミュニケーション

SNSにかぎらず、どんなマーケティング施策も新規顧客を獲得するには労力とコストがかかるものです。それよりも既存顧客の単価やリピート率を上げるほうが一般的には簡単でしょう。インスタマーケティングもその考えかたから、**まずは既存ファン（フォロワー）の「エンゲージメント（親密度）」を高め**、投稿した際、ファンに優先的に自社のコンテンツが表示される状態をつくります。

そのために、STEP1では**おもにストーリーズを使ってファン（フォロワー）とコミュニケーションをとっていきます**。フィードやリール投稿の閲覧数を増やして外部露出を狙うためには、まずフォロワーとの「親密度」を高めなければいけません。実際に企業アカウントの例を見ると、投稿の評価を上げる最初の指標としてファンの反応が計測され、「発見タブ」などに露出するか判断されているようです。

フィードやリール投稿は1日1回が基本です。しかし**ストーリーズであれば気軽に何度でもファンとコミュニケーションがとれます**。ストーリーズの質問機能なども活用しながら、ファンとの愛着を深めるストーリーズを作成していくことがSTEP1となります。

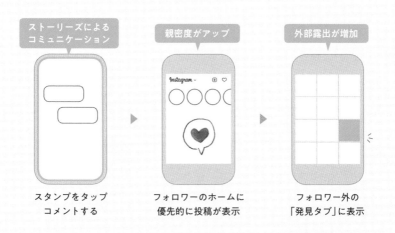

ストーリーズによる
コミュニケーション
スタンプをタップ
コメントする

親密度がアップ
フォロワーのホームに
優先的に投稿が表示

外部露出が増加
フォロワー外の
「発見タブ」に表示

ファン（フォロワー）に喜ばれる有益な発信

STEP2では、ファン（フォロワー）に有益な発信を行います。**「有益な発信」とは何か？**「保存」**される投稿のことです。**「保存」とは、あとで見返したり誰かにシェアしたりするなどの行動につながります。

STEP1の実践で**ファンとの「親密度」が高まると、優先的にストリーズや投稿が表示される状態になります。**そこで、STEP2ではフィードやリール投稿をしっかりと行っていきましょう。「月にどれくらい投稿すればいいですか？」とよく質問されますが、30投稿はしていきたいところです。なぜなら、「有益な情報を発信しているアカウント」だと思ってもらうためには、ある程度のコンテンツ量が必要だからです。投稿回数が多すぎてフォロワーが減少するケースもありますが、それはファンが求める情報を発信していないからです。

アカウントや投稿の状態を分析できるインサイトの数値を確認しながらファンが求める情報を見つけ、それを発信していきましょう。**新規のファンをつかむには、今いるファンとのエンゲージメント（親密度）を高めながら良質な投稿をしていくことです。**これができれば「おすすめ」や「発見タブ」から外部露出が狙えます。

有益な発信 → 投稿を保存 → 外部露出が増加

フォロワーが
投稿を閲覧　　　　あとで見返す
誰かにシェアする　　　フォロワー外の
「発見タブ」に表示

STEP 3 | ファン（フォロワー）につながるプロフィール

STEP3では、**新規ユーザーにファン（フォロワー）になってもらう施策**です。具体的にはChapter3で解説していきますが、ファンになってもらう最後の決め手となる部分です。

STEP1・2を実践するなかで、自社に興味を持ったユーザーがプロフィール画面にアクセスします。その際、**自社のプロフィールが魅力的な状態でなければいけません**。フォローするかどうか判断するのはほんの一瞬です。アイコンやアカウント名、プロフィール文、ハイライト、投稿のピン留めを駆使して、フォローされる確率を高めましょう。

自社のアカウントがどんなサービスを提供しているか、フォローするとそのアカウントを通してどんなメリットがあるか、瞬間的に理解できるようにしなければいけません。プロフィール文やハイライトなど、プロフィール画面の細部にいたるまでこだわっていきましょう。

また、エンゲージメント（親密度）を高める施策やプロフィール画面に誘導を促すテクニックとして、投稿文の最後に「質問があればDMしてね」「『いいね』やコメントをするのでタグ付けしてね」といった言葉を入れるなど、投稿（クリエイティブ）にも一工夫を施します。

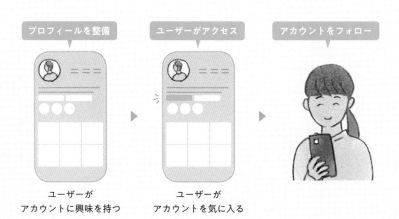

プロフィールを整備　→　ユーザーがアクセス　→　アカウントをフォロー

ユーザーが
アカウントに興味を持つ

ユーザーが
アカウントを気に入る

ユーザー
Instagramの利用者。本書ではアカウントのフォロワーと非フォロワーの両方を含めた人を指す。

アカウント
サービスを利用する権利のこと。一般ユーザーが使う通常の「アカウント」と、集客や販促など、ビジネス目的で運用するための分析機能が拡張された「プロアカウント」がある。

親密度
アカウントとフォロワーの関係の深さを表す指標。「エンゲージメント」ともいう。

おすすめ
ユーザーが興味を持ちそうな投稿やアカウントを表示するInstagramの機能。家のマークのホームと、虫めがねのマークの「発見タブ」で展開される。

ファンマーケティング
企業が商品・サービス、ブランドのファンをつくることで売上アップをめざすマーケティング手法。

アルゴリズム
ユーザーの興味・関心や行動などにもとづいて、どんな投稿を表示させるか判断するしくみ。Instagramではアルゴリズムの理解と攻略が重要となる。

フォロワー
アカウントをフォローしているユーザー。本書では企業アカウントに「いいね」や「保存」、コメントなど、友好的なアクションを起こすファンを指す。

フォロー
特定のユーザーの行動や情報を追うこと。フォローしたユーザーの投稿は自分のホームに表示されるようになる。

UGC (User Generated Content)
企業側ではなく消費者であるユーザーが投稿したコンテンツのこと。

保存
ユーザーが気に入った投稿をブックマークすること。保存したいフィード投稿の右下にあるブックマークをタップするとコレクションに追加される。

シェア
自分の投稿やお気に入りの投稿をほかのユーザーに拡散、共有すること。ユーザーの投稿を自分のフィードへリポストしたり、Instagram以外のSNSを連携させて共有したりするなどの方法がある。

Chapter

2

成果を出し続けるための

「運用体制」づくり

　企業アカウントが失敗する原因は3つあります。1つは、適切なノウハウを知らずに運用を始めてしまうこと。2つめは、運用の結果について分析・改善をしないこと。3つめはほかの業務との兼務により担当者がInstagramの仕事に集中できないことです。これらの問題を解消するために、目標を的確に設定し投稿の内容を決めていきます。Instagramの分析ツールを使いこなすことが重要です。

　さらに、運用を属人化させないために環境を整える必要もあります。Chapter2では、Instagramで継続的に成果を出していくための「運用体制」づくりについて解説しましょう。

「企業目線」を改めることが インスタマーケティングの第一歩

ユーザー目線で考えないと結果は出ない

SNS担当者にありがちな3つの誤解

　まずは、私がコンサルティングでクライアントさんに伝える、SNS担当者の多くが誤解しがちな事柄について解説します。

　✕ **Instagramは販促・PRの手段である**
　◎ **フォロワーがほしがる情報を提供する場**

　Instagramを自社の商品・サービスの販促・PRの手段と考えてしまうSNS担当者がいます。**最終的に販促・PRにつながることはあっても、最初からそれらを目的として運用するのはベストではありません。**企業側が伝えたい情報（新製品のリリース情報など）を一方的に提供してもユーザーの心には届きません。

　フォロワーがほしいと思っている情報を提供したり、フォロワーとコミュニケーションをとったりすることで、自社アカウントに対する信頼を集めることが先決なのです。商品・サービスの告知は、そのあとに行うようにします。

　✕ **フォロワー数を伸ばすにはプレゼントキャンペーンが有効**
　◎ **プレゼントキャンペーンはポリシー違反**

　フォロワー数を増やす目的で、プレゼントキャンペーンを行う企業が

あります。「フォローしてくれたら○○をプレゼント」といった投稿です。たしかに、賞品がほしいユーザーからフォローされ、数値上はフォロワー数が増えるかもしれません。しかし、フォローや「いいね」など**ユーザーにアクションを求めるプレゼントキャンペーンはInstagramのポリシー違反になります。**今まで順調だったアカウントが「おすすめ」や「発見タブ」などに外部露出されなくなった相談を何十社も受けてきましたが、いずれもプレゼントキャンペーンを実施したことでなんらかの影響があったと推測しています。

✕ フォロワー数は多ければ多いほどよい
◯ フォロワー数より投稿に対するリアクションが重要

　フォロワー数が多ければ多いほど集客・売上につながる、というわけではありません。いくらフォロワー数が多くても、**ユーザーの「いいね」「保存」、コメントなど「投稿に対するリアクション」が悪ければ、多くのフォロワーが自社のファンとはいえません。**

　仮にプレゼントキャンペーンなどを実施してフォロワーが10万人いたとしします。「いいね」や「保存」がされないアカウントよりも、フォロワーが1万人でも、投稿するごとに一定のフォロワーから「いいね」や「保存」などのアクションがもらえるアカウントのほうが、有益な情報を提供しコミュニケーションがとれていると Instagram から判断され、「おすすめ」などの外部露出につながるのです。

◉ フォロワー数よりリアクション率が大切

	A社		B社
	フォロワー **10万人**	Good!	フォロワー **1万人**
	リアクション率 **1**%（1000人）		リアクション率 **8**%（800人）

\ 目標の設定 /

フォロワー数を増やすことだけを目標としない

Instagramで何をしたいか見極める

目標は「めざす状態」を数値化する

　アカウントを運用するうえで、いちばん最初にやることは「目標設定」です。Instagramについてよく知らない人が担当者になると、往々にして「1万人フォロワーをめざす」などと目標を設定しがちです。なぜならフォロワー数はもっとも成果がわかりやすい数字だからです。

　しかし、目標を設定する際は、**フォロワー数や売上金額といった「数字」を掲げる前に、「Instagramを使って、どういう状態をめざすか」を考えるべきなのです。**

　たとえば、「ユーザーが自社の商品の口コミをたくさん投稿している状態」を目標とします。この場合、企業アカウントからの発信には限界があるため、フォロワー数や売上金額ではなく、「自社に対するメンションや商品名などのハッシュタグを付けてくれるユーザーを増やす」ことがゴールとなります。

　あるいは店舗を展開していたり、ECサイトを運営したりしていれば、「店舗やサイトに集客する状態」を目標としたうえで、来店数や投稿の保存数などを設定していきます。「保存」はあとで見返したり他人にシェアしたりするなどのアクションにつながるため、「いいね」よりも重要な指標となります。「店頭で接客の際にアカウントをフォローしてもらう」といった目標も効果的でしょう。

このように、**自社にとって理想の「状態」を想定し、それを目標として設定していく**ことが大切です。

　フォロワー数を増やすことも必要ですが、それを目標にしてフォローを促す施策を行うと、意図しないユーザーにフォローされて、投稿に対する反応が低くなることで、「おすすめ」に掲載されない悪循環に陥るケースが多くあります。あくまでアカウントはフォロワー数ではなく「質」が重要です。

どのような目標を設定すればいいか

　商品のジャンルや、ブランドの認知度などによって「状態」や「数字」の目標は当然異なります。「Instagramで何を実現したいのか」を考えることから始めてみましょう。

● ブランドの認知を向上させる

　「ユーザーがハッシュタグ（企業名や商品名など）を付けて投稿してくれる数を2倍に増やす」を目標とすれば、ユーザーに自発的に投稿を促す施策やサンプリングを行うことによってUGCを増加させるなど、ブランド認知度を高めることにつながります。

● サイト流入数を増加させる

　プロフィール画面を経由して自社のサイトにアクセスしてくれる人の数を増やします。たとえば「ECサイトへの流入を20％増加させる」といった目標を立てます。

● コンバージョンを増加させる

　ユーザーからの問い合わせや売上を増加させることをめざし、たとえば「半年でInstagram経由の売上を50％増やす」などとします。

ユーザーの行動データを分析して アカウントの改善につなげる

Instagram が分析ツールを用意している

インサイトとは？

　前項では、理想とする「状態」から「数字」を考えることについて紹介しました。**目標として設定した「数字」が実際に達成されているかを確認するために、Instagram の「インサイト」を使います。**

　インサイトはInstagram が公式に提供している分析ツールです。アカウントのプロフィール画面へのアクセス数や、投稿ひとつひとつに対する反応などを分析できます。

　インサイトには、アカウントに関するデータを確認できるものと、フィードやリール、ストーリーズの各投稿のデータを確認できるものの2つがあります。前者はおもにフォロー数の増加や「いいね」などフォロワーのリアクション、後者は各投稿の閲覧数や「保存」の数などをチェックするのに活用します。**すべてのデータを分析する必要はありませんが、このあと紹介するデータは、アカウント運用に活用しましょう。**

　インサイトは無料で利用できますが、プロアカウントに登録する必要があります。**企業アカウントは必ずプロアカウントに切り替えておきましょう。**

インサイトでは、「過去30日間」など、対象期間を選んでデータを確認できる。

インサイトに表示された数値を見るだけでも参考になりますが、**複数の数値を組み合わせて分析すると、よりアカウント運用に役立てることができます。**

たとえば、アカウントのインサイトを確認し、「プロフィールへのアクセス」を「リーチしたアカウント数」で割ると、「プロフィールアクセス率」を求めることができます。これは「投稿を見たユーザーがどのくらいプロフィール画面にアクセスしたか」を表します。

本書では、各Chapterの最後に、インサイトで分析すべきデータを紹介しています。それぞれ下記の手順にしたがって計算してください。

● データの確認と計算方法

STEP 1　インサイトにアクセスする

各投稿Ⓐ、またはアカウントⒷからインサイト画面にアクセスする。

STEP 2　計算に必要なデータを確認する

プロフィールへのアクセス	13,138
	+47.2%

260,763
リーチしたアカウント数

STEP 3　計算して数値を求める

$$\text{プロフィールアクセス率} = \frac{\text{プロフィールへのアクセス}}{\text{リーチしたアカウント数}} \times 100 = \frac{13{,}138}{260{,}763} \times 100 = \mathbf{5.0}\,(\%)$$

アカウント運用の分析に利用するデータ

　本書では、各Chapterの最後でプロフィールやクリエイティブ（投稿）、コミュニケーションについて「分析・改善」する方法を紹介しています。ここでは、その際に使用するデータについて解説します。分析に必要なデータは以下の5つ。いずれも、アカウントまたは各投稿のインサイトにアクセスしてデータを確認し数値を計算します。

プロフィール アクセス率 ▶▶▶	$\dfrac{\text{プロフィールへのアクセス}}{\text{リーチしたアカウント数}} \times 100$

［目標］
5.0%以上

ユーザーがどのくらい自社のプロフィールに興味を持ったか。投稿の内容や商品・サービス、ブランドに対するユーザーの興味がどのくらいあるのかわかる。5％以上なら、商品の訴求がうまくいっているとみなせる。

フォロー率 ▶▶▶	$\dfrac{\text{フォロワー増加数}}{\text{プロフィールへのアクセス}} \times 100$

［目標］
3.0%以上

1か月間のプロフィールへのアクセス数に対してどのくらいフォロワーが増加したかを表す。月によって変動するが、3％以上はつねに保っておきたい。数値が伸び悩むようなら、プロフィールや投稿内容の見直しが必要となる。

各データの説明

プロフィールへのアクセス … プロフィール画面にアクセスしたユーザーの数

リーチしたアカウント数 … 投稿を見たユーザーの数
　　　　　　　　　　　　（1人が複数回見ても「1」となる）

フォロワー増加数 … 一定期間に新たにアカウントをフォローしたユーザーの数

保存数 … ユーザーが投稿を「保存」した回数

ストーリーズ閲覧数 … ユーザーがストーリーズを閲覧した回数

フィード投稿 保存率	▶▶▶	$\dfrac{保存数}{フィードでリーチしたアカウント数} \times 100$

[目標]

1.0%以上

フィードを見たユーザーがどのくらい投稿を「保存」したか。この数値が高いと、ユーザーはその投稿に価値を見出していることになる。投稿によって数値は変わるが、平均して1%以上はキープしておきたい。

リール投稿 保存率	▶▶▶	$\dfrac{保存数}{リールでリーチしたアカウント数} \times 100$

[目標]

1.5%以上

リールを見たユーザーが投稿を「保存」した割合。リールはフィードよりも見てもらえる可能性が高いため、保存率もフィードよりも高い数値を目標とする。投稿によって変動はあるが、1.5%以上は確保したい。

ストーリーズ 閲覧率	▶▶▶	$\dfrac{ストーリーズ閲覧数}{フォロワー数} \times 100$

[目標]

3.0%以上

ストーリーズを閲覧したフォロワーの割合。この数値の高いストーリーズは、ユーザーの興味を集める発信ができていることになる。そのようなストーリーズの共通点を見つけよう。

こちらのデータもチェック

フォロワー閲覧率 （ホーム率）	▶▶▶	$\dfrac{リーチしたフォロワー}{合計フォロワー} \times 100$

フォロワーがどのくらい自社の投稿を見ているか。40％以上をキープできれば、アカウント運用がうまくいっていると考えてよい。

ウェブサイトタップ率	▶▶▶	$\dfrac{外部リンクのタップ}{プロフィールへのアクセス} \times 100$

ECサイトなどにアクセスしたユーザーがどのくらいいるか。商品・サービスによっても大きく変動するが、月に１回程度チェックを。

1日1回は投稿するように
計画を立てたい

フォロワーを伸ばすには投稿量が必要

投稿の一覧表でコンテンツ制作の効率化を図る

　フォロワー数を伸ばすためには、1か月に15〜30回程度（最低2日に1回）の投稿をする必要があります。効率よくコンテンツをつくるために、投稿の一覧表（スケジュール表）を作成しましょう。できれば最初はInstagramにアカウントを認知してもらうためにも毎日投稿を1か月間行うことをおすすめします。最初に頑張っておけばあとで投稿する作業が楽になっていきます。

　投稿ごとに、「写真・動画の撮影をいつまでに行えばよいか」「関係部署に確認を依頼したか」などの項目がひと目で確認できるように、一覧表にしておきます。

　スケジュール表は月単位でつくるとよいでしょう。投稿月の予定を「前月の末」までに決めておき、それにしたがってコンテンツ制作と投稿をしていきます。

投稿表を振り返りと改善につなげる

　投稿月の月末になったら、それぞれの投稿の振り返りも行いましょう。したがって、スケジュール表には予定だけでなく、投稿ごとに分析・改善するための項目も盛り込んでおくと便利です。

各投稿データのチェック

インサイトを見て、各投稿のデータ（リーチ数や保存数など）を入力しておきます。各投稿のデータを見比べれば、ユーザーが興味を持った投稿が何か、その傾向を探ることができます。今後のコンテンツ制作の参考にできるでしょう。

また投稿時間は、たとえば食べ物に関する内容であれば17時くらいが効果的です。夕食後では満腹で投稿に対してリアクションが薄くなります。アパレルなら金・土・日曜日よりも月曜日のほうが反応がよい傾向があります。ユーザーが週末に買い物に行ったのに気に入ったアイテムを見つけられなかったりすると、Instagramの投稿に好反応を見せてくれるのです。

インサイトのデータから自社にもっとも適した投稿のタイミングを見つけましょう。

運用体制のチェック

投稿の内容やタイミングだけでなく、運用体制を振り返ることも大切です。「現状の体制で投稿数を維持できるか」「質を落とさずにコンテンツが制作できているか」「コメントには遅滞なく返信しているか」など、投稿表をもとに問題点を探ります。場合によっては、投稿数を減らし、より効果的な内容の投稿に注力する、などの改善策を検討することになるでしょう。

投稿の一覧表の例	●投稿スケジュールに関するもの **タイトル／投稿種別（フィード・リール・ストーリーズ）／投稿日・時間など** ●コンテンツ制作の進捗に関するもの **用意すべき素材／写真・動画の撮影日／関係部署・上長の確認など** ●振り返りと改善に関するもの **インサイトの数値（リーチ数・保存数・いいね数・コメント数など）／ユーザーからのコメント・DMの内容など**

担当者が変わっても困らない運用体制

Instagramの運用は属人化させない

SNSの問題点は属人化しがちなところ

　企業がInstagramのアカウントを運用する場合、SNSの得意な人が何でも１人でこなすケースがあります。すると、その人がいなくなった途端に立ち行かなくなる、などといった問題が生じます。とくに中小企業では、SNS担当者は別の業務と兼務で任されるケースも多く、「業務時間内にInstagramに関する作業が終わらない」「炎上したとき誰に相談するのかわからない」などのトラブルが起こりやすくなります。**Instagramの運用を属人化させるのは、とてもハイリスクです。**

　Instagramのアカウント運用では「担当者が変わっても運用できる」「社内の複数人が現状を把握している」状態にしておくことが理想です。そのためには**複数で役割を分担する**ようにしましょう。

Instagram担当者「属人化」のデメリット
- Instagramの運用が「業務」として理解されにくい
- 担当者の負担が大きくなりがち
- 担当者の不在時（長期休暇など）や退職時に運用がストップしてしまう
- 社内にノウハウや知見が蓄積されない
- 炎上対策ができない
- 誤字脱字などのミスが起こりやすくなる
- 投稿の内容が企業イメージとミスマッチになる可能性がある

「クリエイティブ」と「コミュニケーション」で担当を分担

Instagramの運用体制として、人員を**「クリエイティブ」担当**と**「コミュニケーション」担当に分ける**とよいでしょう。したがって、2人以上の体制が理想です。しかし、自社の状況でそれが難しい場合は外注する方法も検討してみましょう。

クリエイティブ担当

クリエイティブ担当はフィードやリールなどの投稿を行います。「写真の撮りかたや文章の書きかたに統一感がある」「ブランドイメージ向上に貢献する」など、投稿をいかに魅力的にするかが求められます。なお、クリエイティブ作業そのものは外部に依頼してもOKです。

おもな作業内容

- フィード・リール投稿を行う
- 写真・動画を撮影する
- 投稿文（キャプション）を書く

コミュニケーション担当

コミュニケーション担当は、おもにストーリーズを起点にユーザーとのコミュニケーションを行います。自社のアカウントに興味を持ってくれているユーザーとやりとりする必要があるため、商品やブランドを深く理解している人が担当します。したがって、外部には委託できない作業です。

おもな作業内容

- ストーリーズを投稿する
- コメントに返信する
- DMをやりとりする

共同担当

以下の作業は担当者が共同で行う

- 目標を設定する
- コンセプトを決める
- 投稿の計画を立てる
- 振り返りや改善を行う

\ マニュアルづくり /

誰が投稿しても
同じクォリティを保つ

クリエイティブの属人化を防ぐ

マニュアルにはさまざまなメリットがある

　前項でお話ししたように、アカウント運用を属人化させないことが大切。そのためにはぜひ「コンテンツ制作マニュアル」をつくりましょう。

担当者が変わってもクリエイティブに差が生じにくくなる

　マニュアルをつくらずに写真を撮ったり投稿文（キャプション）を書いたりしていると、担当者個人の個性やセンスが反映されてしまうものです。担当者が交代した場合、それまでユーザーに支持されていた前担当者のクォリティが失われ、自社のアカウントに対する興味・関心が薄れていってしまう可能性もあります。あらかじめクリエイティブの方針をマニュアル化し、それにしたがって投稿していけば、**担当者によって投稿の内容がブレることもなくなります。**

外部に依頼したり急な代役を頼んだりしやすくなる

　誰がつくっても同じようなクォリティやテイストの投稿になるようにしておけば、**クリエイティブの部分は外部の会社に依頼することができます。** これはSNS担当者の人員が少ない場合、大きな助けとなるでしょう。また、一時的に別の部署の人に投稿の作業を頼む場合も、マニュアルがあればすぐに対応できます。

社内理解につながる

　投稿の内容や投稿の方法をマニュアルとして明文化しておくことで、社内理解の資料として利用できます。たとえば「自社のアカウントをこのように運用しているので、そちらの部署にある○○の素材を提供してほしい」などと依頼しやすくなるはずです。また、「Instagramに○○の写真を載せてほしい」などと**アカウントのコンセプトに合わない依頼を受けた場合でも、マニュアルの記述を理由に断ることができます。**

コンテンツ制作マニュアルをつくるポイント

　52~53ページにマニュアルの例を掲載していますので参考にしてください。マニュアルをつくる際は以下の点に注意するとよいでしょう。

内容を細かくしすぎない

「写真は10cm離して撮る」など、ルールをあまりに細かく決めすぎると、実際に運用するのが難しくなってしまいます。ルールは取捨選択し、**必要最低限の内容**をマニュアルに記載するようにしましょう。

あいまいな表現を避ける

　マニュアルは誰が見てもどう作業すればいいかわかるようにしておきます。たとえば「写真をいい感じに撮る」などあいまいな表現は避け「自然光を使ってアップで撮る」など**具体的に記述しましょう。**

定期的に内容を更新する

　実際にマニュアルにしたがって投稿していると、問題点が見つかる場合もあります。また、アカウントのコンセプトを見直すこともあるでしょう。一度決めたマニュアルの内容に固執せず、担当者で話し合ったうえで**適宜内容は更新しましょう。**

コンテンツ制作マニュアルの記入例

　コンテンツ制作マニュアルに記載すべき内容はアカウントによって異なりますが、一般的には「運用方針」「フィード」「リール」「ストーリーズ」「リポスト」「コメント返信」のルールを決めておくとよいでしょう。

◎ 運用方針（例：飲食店アカウント）

運用目的	・公式通販サイトでの売上アップ ・新規ファンの獲得
目標	Instagramアカウントを経由して通販サイトにアクセスするユーザーを増やす
フィード	新メニューと定番商品の紹介
リール	商品の質感やボリューム感を伝える
ストーリーズ	新規投稿の告知、ユーザーとのコミュニケーション
ターゲット層	・独身やファミリーなど幅広い層にアプローチ ・とくに20〜30代のInstagramユーザーのアクションを狙う

◎ フィード

撮影の方針	自然光を取り入れた屋外撮影
撮影時の ポイント	・対比スクエア ・露出0.3〜1.7
背景	緑など自然を感じられる場所
編集アプリ	Instagramの編集機能を利用
写真（動画） の順番	サムネイル …… 商品画像（インパクト重視） 2枚目 …… 動画 3枚目 …… 商品の詳細（中身を見せる） 4枚目 …… メニュー 5枚目 …… 店舗外観

◎ リール

撮影の方針	自然光を取り入れた屋外撮影
撮影時の ポイント	・カメラを固定 ・露出0.3〜1.7
背景	緑があるところで撮影
編集アプリ	CapCut
カットの順番	CUT1 ‥‥‥ 商品のアップ CUT2 ‥‥‥ 開封 CUT3 ‥‥‥ 商品の中身 CUT4 ‥‥‥ 商品を手に持つ CUT5 ‥‥‥ スプーンですくう

◎ ストーリーズ

基本方針	・お客様がメンションしてくれた内容を紹介 ・親近感を醸成する ・感謝の気持ちを込めて、1〜2言メッセージを発信 ・毎回同じメッセージにならないよう注意

◎ リポスト

基本方針	・投稿の内容をしっかり読み込んで感謝のコメントを発信 ・お客様の実際の声をキャプションに引用

◎ コメント返信

基本方針	・ユーザーからのタグ付けには原則として返信 ・キャプションを確認して気持ちを込めて返信 ・ネガティブな内容の場合は、責任者に確認

写真・動画を撮るのに一眼レフカメラはいらない

一般ユーザーと同じようにスマートフォンを使う

SNS担当者が気軽に投稿できることが大切

Instagramの投稿は写真・動画が中心となりますが、プロのカメラマンに頼んだり、一眼レフのような高価な機材を用意したりする必要はありません。**SNS担当者がスマートフォンのカメラで撮ればいいのです。**仮に予算があっても、あえてスマートフォンのカメラを使います。

プロが使っているようなカメラで撮ると、たしかにきれいな写真を撮ることができるでしょう。しかし、**"広告感"が出てしまい、ユーザーからは敬遠されてしまいます。**

プロが撮った画像やプロっぽい動画でなく、ユーザー目線に立った親近感のある投稿が重要です。写真や動画を編集・加工する際も、やはりPhotoshopなどを使う必要はありません。プロが使うツールは慣れるまでに時間もかかりますし、投稿のハードルが上がってしまいます。

Instagramのコンテンツ制作は、スマートフォンで完結させるのが原則です。SNSにかぎらずスマートフォンでできないことなど今はほとんどありません。

難しく感じて敬遠する人が多い動画編集も、触ってるうちに感覚的に機能を覚えられ、指ひとつで操作可能です。**担当者自身が手軽に楽しみながら投稿を続けられます。**担当者の「楽しい」という気持ちはユーザーにも伝わるはずなので積極的にアプリを使ってみてください。

Instagramの撮影・投稿に使うツール

スマートフォン

写真・動画の撮影や編集はもちろん、投稿の作業もスマートフォンで完結してOK。ただし、より高画質の画像や動画を撮るために、上位機種を選ぶのがおすすめ（iPhoneであればProを使う）。

スマホスタンド

撮影の際は、スマホスタンドを使うのがよい。手持ちに比べると、アイテムを並べてきれいにフレームにおさめることができるし、動画撮影では手ブレをおさえられるといったメリットがある。

編集・加工アプリ

Snapseed（スナップシード） 編集・加工アプリ

画像の編集はInstagramの機能でも可能だが、部分的に明るさや色味を調整する際に重宝する。写真に余計なものが写ってしまった場合、自然に除去する機能も。

CapCut（キャップカット） 動画編集

カットをつなぎ合わせるだけでなく、BGMやテキストを追加できるほか、色調を変えるフィルターをかけたり、スローモーションなどの効果をつけたりできる。

Canva（キャンバ） デザイン

テンプレートを使えば、サンプルの文字を書き換えたり、画像を差し替えたりすることで、誰でも簡単にデザインが可能。Instagramに直接投稿する機能も搭載している。

\ 社内理解 /

Instagramの運用は
社内の理解が得られにくい

誰でも気軽に投稿できるから軽視されがち

SNS運用のよくある問題と対策

　Instagramは「誰でも手軽に無料で始められる」のが特徴ですが、運用に費用がかからないという理由であまり予算がつかなかったり、すぐに成果が出ないことを指摘されたりと、企業アカウントとして運用する場合、さまざまな壁に当たります。

　ここでは、SNS担当者がよく直面する問題と対策を紹介します。

問題❶ 上司や経営陣にSNSマーケティングに関する知識がない

対策 「Instagramで売上を伸ばすには、フォロワーを増やせばいい」「フォロワーに向けて新商品の情報をどんどん出せば、買ってもらえる可能性が高くなる」などと誤解している人はまだまだ多いでしょう。

　本書で紹介しているような**「いたずらにフォロワーを増やしても意味がない」「ユーザーとのコミュニケーションが大切」などの要点**を示して、粘り強く説明するようにしましょう。

問題❷ Instagramのアカウント運用のメリットが理解されない

対策 「Instagramがどのように売上アップにつながるのか」というしくみを理解している人は多くありません。**Chapter1で紹介したよう**

な、**Instagramが売上アップにつながるしくみを説明**しつつ、他社の成功事例をもとに具体的な数値を使ってプレゼンしましょう。そのうえで、自社がInstagramを運用した場合、どのようなプラスの変化が起こるのか説明し納得してもらいます。

問題❸ 予算がつかない、予算は不要と思われる

対策　Instagramの運用にほとんどコストがかからないのは事実ですが、予算があるとさまざまな施策を実行できます。たとえば、商品が季節ものである場合、**オフシーズンに広告の予算をつけて運用することでフォロワー外の人にアプローチできます。**

　また、予算があればクリエイティブ（投稿づくり）を外部に依頼し、社内ではユーザーとのコミュニケーションに注力することもできます。そういったケースをあげて社内理解を図るとよいでしょう。

問題❹ 上司や他部署から不本意な運用を強いられる

対策　アカウントのコンセプトやルールにしたがって運用しているのに、ルールに反する投稿など、他部署から不本意な発信を要求されることもあります。**コンセプトからはずれる投稿をしても効果がない**ことを告げ、あくまでルールに沿って運用する姿勢を貫きましょう。「マニュアル」を提示して、不本意な依頼を断るのも有効です。

◉ 社内理解のためのアクション

1	2	3
Instagramによる売上アップのしくみを説明	コストをかけることで可能になる施策を示す	コンセプトや投稿ルールの「マニュアル」を共有する

ガイドラインをつくれば
アカウント運用が円滑に

トラブルの防止策と対応策をマニュアル化

部署内でよく検討して決定する

　アカウントを運用するにあたり、トラブルや問題が発生するのを事前に防ぐために、「運営ガイドライン」をつくっておきましょう。記載すべき内容は、アカウントの運用方針や自社のコンプライアンスによっても異なりますが、一般的には次のような項目を盛り込むとよいでしょう。これを参考に叩き台をつくり、部署内で検討して決定しましょう（下記はSNS運用の統括マーケティング部門の場合の例です）。

❶ 基本的な考えかた

　Instagramによる情報発信の重要性やリスクについてあらためて記しておき関係者で認識を共有しておきます。

> 記載例

Instagramによる情報発信は企業ブランド認知・イメージ向上を図る重要な役割を持っています。一方で、発信内容によっては、ユーザーからの批判コメントが発生する「炎上リスク」があり、十分に配慮した運営が必須となります。

❷ アカウントの開設・閉鎖について

支店や店舗ごとにアカウントを運用する場合、その注意点を記載しておきます。

> 記載例

- 地域や客層の特性を活かした情報発信ツールとしてアカウントを開設します。

- 「投稿する時間がない」などの理由でアカウントを閉鎖することは、お客様への期待を損ねる行為になるため、必ずマーケティング部に相談してください。

❸ 運営体制について

アカウントの運営体制についての取り決めを文書化しておき、担当者が交代する場合などには引き継ぎを行います。

> 記載例

- アカウント運用は「業務」であるという認識を徹底し、担当者を明確に決めてください。最終責任者はマーケティング部・部長とします。

- 担当者が変更になった場合は、速やかにアカウントのパスワードを変更してください。

- 発言の健全性を保つために、チェック体制およびチェックのルールを事前に部署内で決めてください。発信内容は、発信者およびチェック要員が毎回確認すること。

❹ 投稿に関する注意事項

　Instagramのコンテンツづくりやコミュニケーションを行う担当者が認識しておくべき注意点などを盛り込みます。

- プライベートではなく企業・店舗からの発信であることをつねに意識してください。

- Instagram での拡散だけでなく、ほかのSNSでも発信されるリスクもあります。一度拡散されたら消し去ることができない点に注意してください。

- Instagramは、「オンライン上の接客」と位置付けてください。店頭でお客様に接する場合と同じ対応を行うことを原則とします。

❺ 返信基準

　ユーザーからのコメントに対する返信は、企業のイメージや信頼につながる重要な要素であるため、部署内でルールを共有します。

- 原則としてコメントや質問には返信します（一言コメントにもお礼を返す）。

- 意見・クレームは内容に応じて上長に相談のうえ、初期段階では各部署の判断で対応してください。

- 商品の在庫や取り扱い店舗に関するお問い合わせには、「くわしくは店舗に直接お問い合わせください」などの一言を付け加えて電話番号を伝えてください。

❻ 情報発信の留意点

「コンテンツ制作マニュアル」と内容が重複する場合もありますが、炎上やトラブルの防止を目的に、投稿の際の留意点やNGな行動をガイドラインとしてまとめておくとよいでしょう。

記載例

● 原則として個人の考えや意見を投稿するのは禁止。

　×「私は○○［プロ野球チームなど］のファンです」

● 会社として重要なお知らせを投稿する場合は、とくに期間・場所・内容を上長や関係部署に確認してもらってください。

● 担当者自身の疾患（風邪・インフルエンザ・食中毒・ノロウイルス・花粉症・腰痛など）に関する投稿はしないでください。

　×「風邪ぎみだけど頑張る！」

● 天災が発生した場合は投稿しないでください（津波の心配はありません／ライフラインの情報などのリポストは可）。

　×「震度6以上揺れが発生しましたが、防災グッズ取り揃えています！」

● 会社（グループを含む）のネガティブなニュースが流出した際には投稿を控え、内容をあらためて精査してください。

　（ネット記事で取り上げられた内容がパワハラであるとして炎上している場合など）

　このほかに、ガイドラインには、"炎上"対策についても記載しておくとよいでしょう。企業アカウントの運営にはとくに重要な要素となりますので、事項でくわしく説明します。

企業アカウントは
"炎上"対策が必須

不適切な対応をしないための心構え

炎上を防ぐためにやるべきこと

　SNSの投稿が原因で集中して非難にさらされてしまうことを「炎上」と呼びます。炎上は多くの場合、投稿をユーザーが閲覧し拡散、ネットニュースやまとめサイトに掲載されます。場合によってはテレビや新聞などのメディアに取り上げられ、さらに拡散と批判がなされます。

　InstagramではほかのSNSと比べると炎上するケースは多くありませんが、事前の対策は必要です。トラブルを避けるために、以下の点に注意するとよいでしょう。

投稿を消さない

　ユーザーから批判的なコメントを付けられたり、悪意を持ってリポストされたりしたとしても、その投稿は削除しないようにしておきます。**むやみに削除すると、それが原因で炎上を招くことがあります。**

グループ会社の投稿にも注意する

　自社ではなく、**グループ会社が炎上している場合にも注意します。**自社が非難の的になっていなくても、トラブルが拡大する恐れがあるため、自社の発信も炎上がおさまるまで控えておきます。

万が一、炎上などのトラブルが発生したら、以下の流れで対応します。

❶ 事実確認と社内共有

まず、炎上している投稿が「いつ・誰が・どのように」行ったものなのかを確認します。当時者としては「問題を大きくしたくない」「隠したい」などと思ってしまいますが、**あわてずに事実に関する情報を集めます。**

また事実確認と並行し、炎上が起きていることを、社内全体で速やかに共有するように手配します。

❷「静観」「説明」「謝罪」を検討

ネットでは話に「尾ひれ」がつき、事実とは無関係な噂や憶測で炎上することもあります。その場合は、**必ずしもすぐに謝罪することは得策ではなく、**事態を静観し、それ以上悪い噂や憶測が広まらないようにきちんと状況や事情を「説明」します。

また「謝罪」には2つの側面があります。自社に非があった場合はそのことに対する謝罪。そして世間を騒がせたことに対する謝罪です。明らかに非がなく「静観」が望ましい、という結論に達した場合は、報道機関などからの質問にのみ対応しましょう。

❸ 対応の実行

❷で決定した対応策を実行します。

上記の対応策についても、事前に社内で話し合い、マニュアルをつくっておくとよいでしょう。担当者の個人的な判断で感情的に行動しないことがトラブル対策では重要です。

メンション

投稿文やコメントなどに、「@」に続けてユーザーネームを入力すること。自動的にリンクが設定され、タップするとそのユーザーのプロフィールページへアクセスできる。

ハッシュタグ

「#」が付けられたキーワードのこと。「タグ」ともいう。ユーザーはハッシュタグが記載された記事を検索できる。

インサイト

Instagramに備わっている分析ツール。フォロワー数などのデータを確認できる。

インプレッション

ユーザーの画面に投稿が表示された回数（1人が同じ投稿を5回見た場合「5」となる）。

リーチ

投稿を見たユーザーの数（1人が同じ投稿を複数回見ても「1」となる）。

フォロワー閲覧率（ホーム率）

自社の投稿を見ているフォロワーの割合。リーチしたフォロワー数を総フォロワー数で割ることで計算できる。アカウントの運用が適切かどうかを測る指標となる。ジャンルなどによっても変わるが、一般的に40％以上を保てれば、運用のしかたに問題がないとみなせる。

ウェブサイトタップ率

ユーザーがURLをタップした割合。

フォロワー増加数

一定の期間において、新たにアカウントをフォローしたユーザーの数。

サムネイル

ユーザーのホームや「発見タブ」、プロフィール画面に表示される画像。投稿の1枚目の画像がサムネイルになる。ユーザーはサムネイルをひと目見てその投稿をタップするかどうか決めるため、投稿を読んでもらえるかどうかの決め手となる。商品をアップで撮ったり、ユーザーの興味を引きそうな文字を入れたりしてインパクトを出すことが求められる。

Chapter

3

親近感を持ってもらえる

「プロフィール」の整備

Instagram のプロフィールを整備することは、投稿の内容と同じくらい重要です。なぜなら、ユーザーはプロフィールを見てフォローするかどうかを決めるからです。ただし、プロフィールをつくる前にやるべきことがあります。

それは、運用の方針の決定。自社がどのような商品・サービスを扱っているかによって、Instagram の運用のしかたは異なります。Chapter3 では、まず自社の状況や競合他社のアカウントを分析して、運用方法を設計します。そして、ユーザーにフォローしてもらえるプロフィールをつくっていきましょう。

プロフィールはアカウント
フォローの決め手になる

ユーザーはプロフィールで企業のイメージを決める

「プロフィール」がユーザーに与える影響は大きい

　SNS担当者がInstagramのアカウント運用を任されると、フィード
やリール投稿に注力しがちです。しかし、フォロワーを増やし、ひいて
は自社の商品・サービスの売上アップにつなげるためには、「プロフィ
ール」の重要性も理解しておきましょう。

　ユーザーがプロフィール画面にアクセスしたからといって、すぐにア
カウントをフォローしてくれるわけではありません。ユーザーのホーム
に「おすすめ」として自社の投稿が表示され、**ユーザーが何度かプロフ
ィール画面にアクセスするうちに、そのアカウントに魅力を感じ始めま**

● アカウントをフォローするまでの流れ

「発見タブ」などで　　気になるコンテンツに　　プロフィール画面に　　気に入ればアカウント
気になる投稿を発見　　アクセス　　　　　　　　アクセス　　　　　　　をフォローする

す。やがて、「フォロー」ボタンをタップしてくれる、というわけです。

　プロフィール文は、ユーザーがアカウントをフォローするかどうかの大きな判断材料になります。ユーザーにフォローを促すためには、ぜひ「プロフィール」を魅力的な状態にしておきましょう。

意外に知られていないプロフィールの役割

　プロフィール文が魅力的に書かれていると、ユーザーは**ハイライトやストーリーズにもアクセスしてくれます**。それによって自社の商品・サービスの理解を深めたり、購入を促したりすることにもつながります。

　また、プロフィール画面に自社のホームページやECサイトのURLが掲載されていれば、ユーザーがタップし、商品・サービスを購入してくれる可能性が高まるでしょう。

　さらに、プロフィール画面からハイライト、ストーリーズ、フィードなどにアクセスしてもらえれば、**ユーザーの滞在時間が長くなり、Instagramのアルゴリズム上、アカウントの評価が高まる**ことも期待できます。

● **プロフィールの役割**

アカウントを
フォローしてもらう

ECサイトへ
誘導する

ハイライトや
ストーリーズに
誘導する

滞在時間を
延ばす

\アカウントのコンセプト/

企業アカウントの使命は フォロワーの悩みを解決すること

「フォロワー＝自社の商品・サービスのターゲット」と考える

「誰の、何を、どう解決するのか」でコンセプトを決める

「プロフィール」をつくるためには、アカウントの「コンセプト」を決める必要があります。具体的には、Instagramの運用を通じて、❶「誰の」❷「何を」❸「どう解決するのか」という３つの要素を検討します。

まず、❶「誰の」は、「自社の商品・サービスのターゲットユーザー」を想定します。そもそもインスタマーケティングの目的は自社の商品・サービスの認知や売上アップですから、これは必然です。次に❷「何を」は、ターゲットユーザーの「悩み」「要望」を考えます。

たとえば、出版社のアカウントが「30〜50歳男女を対象にしたビジネス書」をInstagramで訴求するとします。❶「誰の」＝「30〜50歳男女」だとすると、❷「何を」はどうすればいいでしょう？　一例として「どんなビジネス書を選んでいいかわからない」といった「悩み」が考えられます。すると、❸「どう解決するのか」は、「本の選びかたを指南する内容を投稿する」などとします。つまり、ターゲットの悩みをリサーチし、それを解決するためにInstagramを運用するわけです。

最後に❶〜❸の要素を組み合わせて文章にします。「どんなビジネス書を選んでいいかわからない30〜50歳の男女に向けて、本の選びかたを指南する内容を投稿する」。これがアカウントのコンセプト、すなわちクリエイティブ（投稿）などの指針となります。

企業アカウントのコンセプト例

❶ 誰の … 自社の商品・サービスのターゲットユーザー
❷ 何を … ターゲットユーザーの悩み
❸ どう解決するか … Instagram の投稿内容

コンセプト ❶〜❸の要素を組み合わせて文章にする

アパレルメーカー

❶ 20〜30代前半の女性
❷ 毎日の服選びが大変で面倒
❸ 1つのアイテムを使った着こなしの提案を
　 5個以上まとめて発信

コンセプト 着こなしの提案を通して毎日のファッションを簡単に楽しんでもらう

不動産会社

❶ 引っ越しを考えている独身・新婚夫婦
❷ 情報サイトでは部屋の広さや収納スペースなど
　 細かい内容がわからない
❸ 部屋の様子を動画で紹介

コンセプト 無駄な内見を減らすことを目的として、ルームツアーを通して引っ越しや新しい生活を応援する

食品メーカー

❶ 毎日仕事が忙しく、時間が不規則な人
❷ 手軽に料理したいけど、手抜きに思われたくない
❸ （自社の商品ではなく）レシピを紹介

コンセプト 時短をテーマに「食材」と「所要時間」を明記した簡単レシピを、材料は画像で、調理工程は動画で紹介

旅行代理店

❶ 旅行を検討している人
❷ 現地のおすすめスポットを知りたい
❸ 旅行体験に特化した情報を発信

コンセプト 観光スポット、ホテル、グルメといった旅に欠かせない情報を「旅のしおり」のような内容で発信

\ アカウント運用のタイプ（型）/

自社の商品・サービスは Instagram に向いているか？

そもそも Instagram に適していないとフォロワー数が伸びない

自社の商品・サービスから運用のタイプ（型）を決める

　アカウントの「コンセプト」を決めたら、次に運用のタイプ（型）を検討します。まずは、5つの質問で、自社の商品・サービスを確認してみてください。

◉ **アカウント運用のチェックシート**　　　Check!

❶ Instagram 用に写真や動画の素材をつくれる？ ☐

❷ 紹介する商品・サービスが十分にある？ ☐

❸ 商品の活用法を紹介できる？ ☐

❹ 投稿に有益性がある？ ☐

❺ 自然に UGC が発生している？ ☐

❶ **「Instagram用に写真や動画の素材をつくれる？」** は、商品購入サイトや広告に使用している写真ではなく、Instagramの投稿に適した写真（Chapter4参照）を用意できるかどうかです。

❷ **「紹介する商品・サービスが十分にある？」** は、商品のバリエーションが豊富にあるかで判断します。

❸ **「商品の活用法を紹介できる？」** は、たとえば洋服であれば、着こなしのパターンを数多く紹介できるかどうかです。

❹「**投稿に有益性がある？**」は、前項で説明したように、ユーザーの悩みを解決するような、有益な情報を発信できるかどうかを検討します。

❺「**自然にUGCが発生している？**」は、自社の情報発信に対して、ユーザーの自発的な投稿が行われている（行われる可能性がある）かどうかを見極めます。

　チェックした数が多いほど、その商品・サービスはインスタマーケティングに向いていることになります。その場合、「**インフルエンス型**」としてアカウントを運用しましょう。

　逆に、少ない場合は、インスタマーケティングの効果は限定的です。その場合は「**ブランド訴求型**」として運用します。

―――――――――――――――――――――――――――――――――――

「インフルエンス型」と「ブランド訴求型」とは？

―――――――――――――――――――――――――――――――――――

「インフルエンス型」は、**ユーザーの利益となる情報をInstagramに投稿し、ユーザーとコミュニケーションをとりながらフォロワーを増やしていく運用方法**のことです。本書で説明しているさまざまな方法は、基本的にこの「インフルエンス型」を想定しています。

　一方、紹介できる商品・サービスの種類が少なかったり、自社の発信に有益性が低かったり、UGCが自然に発生しなかったりする場合は、「ブランド訴求型」になります。この場合、ユーザーが自社のアカウントにアクセスしてきたら、商品やブランドをより深く理解してもらえるように、フィードやリール投稿をしておきます。

　ただ、「インフルエンス型」と比べると、自社の投稿をフォロワーが積極的に拡散してくれる可能性が少ないため、**インスタ広告を出稿して、フォロワー外のユーザーにも投稿が表示されるようにするなどの工夫が必要となります**。自社の商品・サービスが「ブランド訴求型」に適している場合は、Chapter6の施策を重点的に行うとよいでしょう。

Instagram の情報発信には
4つの種類がある

自社に適した情報発信のしかたを見極める

ユーザーの利益になる内容を投稿する

　アカウントの「コンセプト」「タイプ」の次は「運用スタイル」を検討しましょう。**Instagram でどのような情報を発信するか**を決めるのです。Instagram に慣れていない担当者は、自社の商品・サービスの魅力を伝えようとする内容を投稿しがちです。悪いことではありませんが、宣伝ばかりの発信だと敬遠されてしまう可能性があります。Instagramで発信する情報は、自社ではなくユーザーの視点から考えることが重要です。

　そこで役立つのが、「コンセプト」で考えた「ターゲットユーザーの悩み」と「悩みを解決する投稿内容」です。そのような投稿であれば、**ユーザーは「自分の利益になる」と思い、投稿を読んでもらえる可能性が高まります。**

　運用スタイルは、右ページのフローチャートに記した🅐〜🅓のように、大きく4つに分けられます。

　先に考えた「コンセプト」を参考にしながら、フローチャートにしたがって運用スタイルを検討してみましょう。ポイントは、自社の商品・サービスについて発信することで、ターゲットの興味・関心を引くかどうかです。それぞれの運用スタイルについては、Chapter4 でくわしく説明します。

運用スタイルを決めるフローチャート

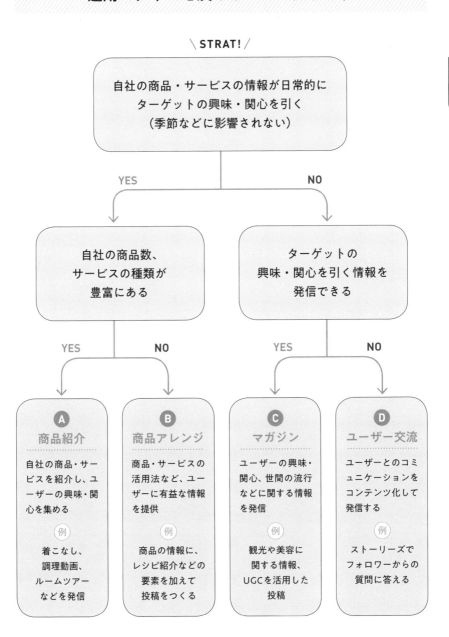

\ STRAT! /

自社の商品・サービスの情報が日常的に
ターゲットの興味・関心を引く
（季節などに影響されない）

YES　　　　　　　　　NO

自社の商品数、
サービスの種類が
豊富にある

ターゲットの
興味・関心を引く情報を
発信できる

YES　　　NO　　　　　YES　　　NO

A
商品紹介

自社の商品・サービスを紹介し、ユーザーの興味・関心を集める

例

着こなし、
調理動画、
ルームツアー
などを発信

B
商品アレンジ

商品・サービスの活用法など、ユーザーに有益な情報を提供

例

商品の情報に、
レシピ紹介などの
要素を加えて
投稿をつくる

C
マガジン

ユーザーの興味・関心、世間の流行などに関する情報を発信

例

観光や美容に
関する情報、
UGCを活用した
投稿

D
ユーザー交流

ユーザーとのコミュニケーションをコンテンツ化して発信する

例

ストーリーズで
フォロワーからの
質問に答える

ロールモデルを真似て
最短で成功にたどりつく

ほかのアカウントを分析し投稿の方針を決める

競合アカウントを「ロールモデル」（目標）にする

　投稿内容をゼロから考えていくのは大変です。そこで、すでに成果を あげているアカウントを分析し参考にするとよいでしょう。**競合アカウ ントを「ロールモデル」（目標）として設定すると、アカウント運用の 効率化が図れます。**

　ロールモデルを決める際のポイントは、自社とジャンルが近く、フォ ロワー数の多いものを選ぶのが基本ですが、フォロワー数の伸びが止ま っている場合もあるので、増加数の多さを判断基準にします。また、**企 業だけでなく個人アカウントも対象にするとよいでしょう。**

❶ **ターゲット** … どんなユーザーに発信しているか。プロフィールや投 稿内容を確認。

❷ **投稿企画** … ❶に対して、どのようなコンテンツをつくっているか。

❸ **投稿手段** … ❷にもとづいて、フィードやリールなどをどう使い分 けているか。

　ロールモデルにしたいアカウントにどんな要素があるか、右ページの ように掘り下げながら、自社のアカウント運用のヒントにしましょう。

アカウント分析の例

調味料メーカー

ターゲット　料理好きの人および
一人暮らしや忙しい主婦

投稿企画　5分以内につくれる料理の動画や、炊飯器に
入れるだけの「簡単」「手軽」を極めたレシピを紹介

投稿手段　リール（動画）で
調理工程を見せている

居酒屋チェーン店

ターゲット　デートや会食など
居酒屋選びに困っている人

投稿企画　通常の料理紹介だけでなく、情報サイトに
載っていないコース料理の細かいメニューを掲載

投稿手段　コース内容が9枚ほどの写真で紹介され、
動画では調理工程を見せている

アパレルメーカー

ターゲット　20～30代女性
カジュアル服を探している人

投稿企画　身長やサイズごとに着用感を見せたり、スタッフが
楽しそうにパフォーマンスしたりしている

投稿手段　店舗アカウントでは新商品、スタッフアカウント
では着こなしの紹介と役割を分けている

書店

ターゲット　何か本を読みたいが（ジャンルは決まっている）、
本の探しかたがわからない

投稿企画　本の要点や、読むとどんな学びが得られるかを
イラストで表現

投稿手段　1投稿10枚の写真で完結させ、1枚は4コマの
画像にして豊富な情報を伝えている

06

\ プロフィールの整備 /

「自分の得になる」と思えば フォローしてくれる

発信している情報がひと目でわかるようにする

情報量が少ないからこそ内容を厳選

　いよいよ実際にプロフィールを整備していきましょう。プロフィールはアカウントのフォローを決める重要な部分です。盛り込める情報量はけっして多くありませんが、だからこそ内容を厳選する必要があります。

　ここでも「自社がアピールしたいこと」ではなく**「ユーザーがメリットを感じると思う」投稿をしているという視点**で考えます。具体的には下記のような点に注意してプロフィールをつくっていきましょう。

● プロフィール整備のポイント

アイコン

会社・ブランドのロゴを入れる。すでにブランドを知っているユーザーには目印になる。

プロフィール文

ユーザーはじっくりとプロフィールを見ないため、最初の2行にこだわる。長い文章は飽きやすく理解もしづらいためシンプルに。1行目に「アカウントが何を提供しているか」と、フォローするメリットを書く。2行目以降には具体的な実績や数字を入れる。

ユーザーネーム

ユーザーにわかりやすいシンプルなものがよい。

名前

どんな情報を提供しているアカウントかわかるものにするとフォローしてもらえる可能性が高まる。

フォローしたくなるプロフィールの書きかたの例

Bad!

VEGETARIAN
ショッピング・小売り
東京のビニールハウスで育てた野菜が
食べられるネットショップです。

Instagram で最新情報を発信中！

どんな情報を発信
しているアカウン
トなのか、わかり
にくい

実績など具体的な数
字が入っていない

ネットショップへ
のリンクが設定さ
れていない

Good!

とろけるクレープ「とろクレ」
ショッピング・小売り
東京都内で 10 店舗展開！
おすすめデザートのレシピを配信中
ギフトセットも通販可
キャンペーン情報もお見逃しなく

torokure.com

名前にキャッチフレーズを入れて、ユーザーの興
味を引き、発信している情報の内容も伝えている。

Good!

ポーク牧場【公式】
食品サービス販売
SDGs に配慮した製品を販売
オリジナルブランド豚肉「豚さん」
は年間 100 万食販売

お試しセットはこちらから

butasan.com

会社のポリシーを明記してユーザーの信頼を得
る。通販ページに誘導する一文も加えている。

Good!

HANA
アパレル・衣料品
official HANA instagram account.
東京都渋谷区渋谷 1-2-3

store.hana.jp

ブランドの認知が高まってきたら、あえて必要
最小限の情報だけを掲載し、洗練されたイメー
ジを伝える。

Good!

こどものれじゃー・子育て相談
商品・サービス
親子で楽しめるレジャースポット、お
店、スクールを紹介
子育て相談実績 3000 件以上
ライブ配信→毎週金曜日 19 時

line.ee/

情報発信だけでなく相談を受け付けているこ
とを知らせる。URL から LINE の相談受付へ誘
導している。

07

ハイライトのつくりかた

ハイライトは自社の想いを手軽に伝えられる

アカウントの理解を深めてもらうのに有効

ハイライトで自社の "性格" を気に入ってもらう

　プロフィール文の直下に配置する「ハイライト」も、**ユーザーにアカウントの理解を深めてもらうための重要な要素です**。プロフィール文が"顔" だとすれば、ハイライトは "性格" といえます。顔と性格をユーザーが気に入れば、フォローしてもらえる可能性が高まるわけです。

　ハイライトは、投稿したストーリーズを24時間後以降もプロフィール画面に表示させておくことができる機能です。たとえば、反響の大きかったストーリーズをハイライトに入れておけば、興味を持ったユーザーがアクセスし、滞在時間を延ばす効果も期待できます。

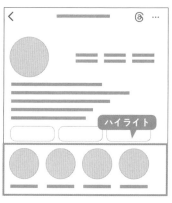

ハイライトはフィード投稿よりも目立つ位置に掲載されるため、興味を持ったユーザーにアクセスしてもらいやすい。

ハイライトで自社や商品を戦略的にアピール

　ハイライトに何を載せるかは悩みどころです。ジャンルによって最適なものは異なりますが、一例として次のような活用例が考えられます。

内容を固定する必要はなく、**ユーザーの反応（閲覧数など）を見ながら
変更していきましょう。**

❶ 商品開発秘話

　フィードに新商品について投稿したとしても、商品開発の裏話までは
語れません。そこで、ハイライトに開発秘話などを置いておき、興味を
持ったユーザーに読んでもらえるようにしておきます。商品や自社に対
する理解が深まりより愛着を持ってもらえれば、ユーザーが商品・サー
ビスを買ってくれる可能性も高まります。

❷ ブランド理念

　❶と同様に、ブランドに興味を持ったユーザーにコンセプトや理念を
紹介することで、ブランドに対する理解を深めると同時に、自社アカウ
ントの信頼性を高めます。新規ユーザーにアカウントをフォローしても
らえることにもつながるでしょう。

❸ 商品・サービスの口コミ

　実際に自社の商品を買ったユーザーの投稿や、コメント、DM の内容
などを紹介するハイライトをつくるのもよい方法です。Instagram では、
企業の担当者が商品のよさをアピールする投稿より、ユーザーの生の声
のほうが信頼されやすいからです。

　❶〜❸以外にはイベント情報を集約したり、キャンペーン情報や営業
時間などのお知らせを入れたりしましょう。ただし古い情報などは削除
を行うのを忘れないでください。

　ハイライトは投稿順に並びます。左側に位置しているものほど目立つ
ため、優先順位も考えて古いものは削除していくとよいでしょう。

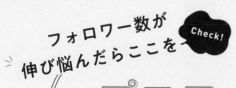

フォロワー数が
伸び悩んだらここを Check!

プロフィール
の分析と改善

　自社のプロフィール画面に興味を持ったユーザーがどのくらいいたのか、下記のデータを毎月1回チェックします。目標に達していない場合は、次ページからの改善策を実践してみましょう。

 分析　　1か月に1回

プロフィール
アクセス率

目標 **5.0**%以上

$$\frac{プロフィールへのアクセス}{リーチしたアカウント数} \times 100$$

投稿を見たユーザーがどのくらいプロフィール画面にアクセスしたか

フォロー率

目標 **3.0**%以上

$$\frac{フォロワー増加数}{プロフィールへのアクセス} \times 100$$

1か月間でどのくらいフォロワー数が伸びたのか

オーディエンス
（フォロワーの属性）

自社のターゲットとしているユーザーにコンテンツが届いているか。アカウントのインサイトにアクセスし、「リーチしたオーディエンス」のデータを確認する

改善 1 アカウントのコンセプト

フォロワーの悩みを
解決しているか？

参照ページ ▶ P68〜69

　プロフィールアクセス率やフォロー率が少ない場合、そもそも自社の投稿がユーザーから興味を持たれていないと考えられます。

　そこで、アカウントのコンセプトが正しいかどうかをあらためて確認しましょう。アカウントのコンセプトとは、「フォロワーの悩みを解決する情報を発信する」ことですから、「フォロワーの属性」「フォロワーの悩み」「Instagramの投稿内容」を点検します。とくに「投稿内容」が「悩み」を解決するものになっているか、という点は入念にチェックしましょう。

Check!

ターゲットユーザーと
フォロワーの属性を合わせる

自社の商品・サービスのターゲットユーザーとInstagramのフォロワーの属性が一致するようにする。

Check!

フォロワーの悩みを
再定義

投稿へのコメントやメンションなど、ユーザーからの反応も参考にしながら、フォロワーの悩みを的確に定める。

Check!

投稿内容を
「悩み」の解決に

これまでの投稿が「フォロワーのほしい情報」になっているかどうかを確認し、軌道修正する。

改善2 アカウント運用のタイプ（型）とスタイル

Instagramに適した情報発信ができているか？

参照ページ ▶ P70〜73

　フォロワー数が伸びないなど、ユーザーから投稿に興味を持たれていない原因として、そもそも自社の商品・サービスが Instagram に適していないことが考えられます。あるいは、適してはいても、運用スタイル（情報発信のしかた）を誤っている可能性もあります。

　アカウント運用のタイプ（型）や運用スタイルは、商品・サービスの種類やバリエーション、自社で用意できる情報や素材の有無などによって変わります。下記の事項をあらためてチェックし、アカウントの方向性を確認しましょう。タイプ（型）やスタイルは、クリエイティブ（投稿）やコミュニケーションの土台となるので、念入りに検討します。

自社アカウントの運用の
タイプ（型）を再確認

自社のアカウントがどの運用タイプ（型）に分類できるかをチェック。「ブランド訴求型」の場合、広告出稿などの手段を検討する。

運用のスタイルを
見直す

どの運用スタイルを選ぶか、あらためてチェック。情報発信の内容とフォロワーの興味・関心にズレが生じているなら、スタイルの変更も検討する。

改善3 **プロフィールとハイライト**

プロフィール文のポイントを
押さえるているか？

参照ページ ▶ P76〜79

アカウントをフォローしてもらうには、プロフィール画面が魅力的なものになっていなければなりません。「このアカウントは自分の得になる情報を発信している」「ぜひフォローしておきたい」と思ってもらうために、プロフィール画面をチェックしてみましょう。定期的にプロフィール文を書き換えて、インサイトの結果を比べてみるのも効果的です。

また、プロフィールの真下に表示されるハイライトもユーザーの目に留まりやすく、興味を持てばタップしてもらえる可能性があります。企業アカウントはぜひハイライトも大いに活用したいものです。自社の魅力をアピールできる場ですので、おろそかにしないようにしましょう。

 Check!

プロフィールを
調整する

プロフィール文や名前を確認し、必要に応じて変更する。いずれも、「ユーザーにどのような情報を発信しているか」がひと目でわかるようにしておく。

 Check!

ハイライトを
入れ替える

ハイライトには「商品開発秘話」「ブランド理念」「新商品の口コミ」「ECサイト」を配置しておくと効果的。新製品が発売されたタイミングで入れ替えてもよい。

滞在時間

ユーザーが投稿を見ている時間。滞在時間が長いと、ユーザーにとって有益な情報が含まれた投稿であるとみなせる。

ロールモデル

Instagram のアカウントを運用する基準や指標。おもに自社の競合や類似アカウントの運用のしかたがロールモデルになる。

アイコン

プロフィール画面などに表示される円形の画像。アカウントを識別する役目を果たす。

ユーザーネーム

プロフィール画面のURLの一部に使われる文字列。英数字やアンダーバーなどの記号の組み合わせ。変更回数に制限がある。

名前

アカウントの名前のこと。アイコンの下に表示される。ひらがな、カタカナ、漢字を使用可能。

プロフィール

アカウントについての説明。「アイコン」「ユーザーネーム」「名前」「プロフィール文」などで構成される。「プロフィール文」のことを「プロフィール」という場合もある。

ハイライト

プロフィールの直下に表示されるコンテンツ。たとえば、「商品の開発秘話」を載せてユーザーの商品に対する理解を深めたり、「経営理念」で自社のイメージアップを図ったり、「ECサイト」で購買につなげたりする。

フォロー率

1か月間のプロフィール画面へのアクセス数に対してどれくらいフォロワーを獲得できたかの割合。

プロフィールアクセス率

リーチしたアカウントのうち、自社のプロフィール画面にアクセスした割合。

オーディエンス

インサイトで確認できるフォロワーの属性。年齢層や性別、もっともアクティブな時間帯などを確認できる。

Chapter

4

ユーザーに"刺さる"投稿をつくる
「クリエイティブ」のコツ

　Chapter4では、インスタマーケティングの柱の
ひとつである「クリエイティブ」、すなわち投稿のつ
くりかたについて細かく解説していきます。まず
Instagramの投稿の基本を押さえたら、ユーザーの
関心を引く写真の撮りかたや投稿文の書きかたをマ
スターしましょう。

　さらに、成功している企業アカウントの事例を運
用スタイルごとに分析し、自社のコンテンツづくり
に活かしていきます。成果を出すには、長期的な視
野で地道に投稿を続けていくしかありませんが、結
果を分析し改善を繰り返して、投稿の"勝ちパター
ン"を見出していきましょう。

01

\ コンテンツづくりの基本 /

ユーザーに「保存」される
コンテンツをつくる

ユーザーの滞在時間を増やすのが良い投稿

" インスタ映え " を狙うより情報量を増やす

　コンテンツ制作においては、**多くのユーザーに「保存」されることを目標とします。**ユーザーが投稿を「保存」するのは、「じっくり読む」「ほかのユーザーにシェアする」など、あとでなんらかのアクションを起こそうと考えているからです。

　では、どうすれば投稿が「保存」されやすくなるのでしょう。

　かつては " インスタ映え " がもてはやされた時期がありました。美しく魅力的な写真を投稿していれば、フォロワーが増えていったのです。当時、写真は 1 枚しか投稿できず、写真だけでアカウントやブランドのイメージを訴求する必要がありました。しかし現在は 10 枚まで写真を投稿できるようになり、動画を組み合わせることもできます。したがって、1 回の投稿に複数の写真や動画を載せ、**投稿の情報量を増やすことが重要です。**情報量が多ければ、それだけユーザーの滞在時間が延び、投稿の評価を高めることにもつながります。

▲ ユーザーは、「保存済み」にアクセスすることで、自分の「保存」したフィードやリール投稿をあとで確認できる。

ユーザーに有益な情報を発信する

　もちろん、ただ情報量が多ければよいわけではありません。「ユーザーにとって有益な情報」を発信する必要があります。

「有益」とは、キャンペーンやクーポン割引情報を流すことだけではありません。たとえば、**飲食店アカウントであればコース料理の詳細をすべて写真で紹介する、調理の様子を動画で発信する**といったことです。

　ほかのグルメ情報サイトなどでもコースの料理名や中身を知ることはできますが、実際にどんな食材を使い、味つけをしているか、詳細まではわかりません。調理工程もお客さんとしてお店を訪れたときには見られない場面ですので、思わずお店に行きたくなるようなワクワク感が高まります。

"上手い素人"感のあるコンテンツをつくる

　ユーザーがフォローしているのは、9割以上が友人や知人、あるいは好きなアーティストなどの個人アカウントです。企業アカウントをフォローしている割合が個人アカウントより多い人はほとんどいません。

　つまり、**ユーザーがふだん目にしているのは、個人がつくったコンテンツ**ということになります。一般ユーザーのコンテンツが並んでいるなか、明らかに企業の"広告"とわかる投稿は、その企業の熱狂的なファンであるか、よほど興味をそそられる商品でないかぎり、ユーザーは見向きもしません。

　ですから、企業のコンテンツであっても、プロのクリエイターではなく、**"写真・動画が上手い素人"がつくったような投稿のほうがユーザーから反応があることが多い**のです。

　これらの点を意識するだけで、「保存」されるコンテンツがつくれるようになっていきます。

02

\ 投稿の基本 /

フィードで商品を紹介、リールでアカウントを知ってもらう

3種類の投稿を使い分ける

フィードだけでなく、リール・ストーリーズも活用

Instagram の投稿には大きく分けて3種類あります。それぞれの特徴を理解しておきましょう。

○ **Instagram の投稿の種類**

フィード	リール	ストーリーズ

1:1のスクエア写真（または縦長の4:5、横長の1.91:1）と投稿文で構成。

最長90秒の縦型ショート動画。投稿するのも視聴するのも気軽なのが魅力。

写真や動画をスライドのように連続で見せられる。投稿後24時間で消えるのが特徴。

フィード

Instagramの基本となる投稿。最大10枚の写真や動画に、投稿文（キャプション）を付けて投稿します。投稿されたものは、**アカウントのプロフィール画面やフォロワーのホームに表示されます。**

プロフィール画面に1列3枚ずつのタイル状に表示されるため、どんな情報を発信しているアカウントか、ユーザーにひと目で知らせることができます。

リール

最長90秒のショート動画を投稿できる機能です。スマートフォンの画面いっぱいに表示されるため、フィードの画像よりも情報量を多く発信できます。ホームの「おすすめ」や「発見タブ」にも表示されやすいため、より多くのユーザーに閲覧してもらえる可能性があります。

フィードとは別にリール専用のタブが設けられていることから、Instagram側も注力していることがわかります。

ストーリーズ

複数の写真や動画をスライドのように見せる機能で、投稿後24時間で消える点が特徴です。そのため、一般ユーザーの多くが自分の日記代わりに気軽に利用しています。

企業アカウントとしては、フィードやリール、ストーリーズを目的に応じて使い分けていくことが大切です。くわしくは次ページ以降で紹介していきますが、フィードで商品を紹介し、リールではアカウントを知るきっかけにしてもらう投稿を行い、ストーリーズはフォロワーとのコミュニケーションの手段として利用します（ストーリーズの解説はChapter5）。

| **フィードの基本型**

1枚目はサムネイルとして表示されるため、もっともインパクトのある写真を掲載します。動画を組み合わせることも効果的で、食べ物であれば調理や中身を開く（割る）など手を使ったアクション動画を入れ、アパレルであれば商品の質感やサイズ感、ウォーキング風景などを追加します。動画を組み合わせると投稿の滞在時間が延び、Instagramから有益な投稿と判断され、「おすすめ」などの外部露出も狙うことができます。

インパクト画像　　**詳細画像**　　　　　　　　　　　**補足画像**

1枚目
（サムネイル）

2枚目

3枚目

4枚目

5~10
枚目

ほかに画像があれば追加していく。似たような画像しかない場合は、4枚目以降は無理に追加しなくてもよい。

動画を使うなら
2枚目がおすすめ

インパクトのある明るい写真を1枚目に。彩度などの色味も調整する。

2枚目は商品のアップや中身がわかる動画を入れ、詳細がユーザーに伝わるようにする。

3枚目以降は、別角度から撮った写真などを入れて、情報量を増やしていく。

● ジャンルごとの構成例

　左ページの基本形はさまざまなジャンルの投稿に応用できます。いずれも、1枚目にインパクトのある画像、2枚目に動画、3枚目以降に詳細を紹介する画像などで構成するとよいでしょう。

	1枚目	2枚目	3枚目	4枚目	5枚目
商品紹介	商品画像	商品を持っている動画	パッケージの開封画像	商品のウリの説明	商品の詳細
店舗紹介	料理の画像	調理している動画	完成品の画像	スプーンなどですくう画像	店舗の画像と所在地など
ファッション紹介	商品の着用画像	身長ごとの着用動画	カラーバリエーションの画像	コーディネートの画像	シチュエーションの画像

● プロフィール画面の見え方

　サムネイルはプロフィール画面での見えかたも大切です。下記のような点を意識しましょう。

主力に関する投稿を9回に1回はしておくと、プロフィール画面でも訴求できる。

サムネイルのカラーや構図を統一すると、アカウントのコンセプトがユーザーに伝わりやすくなる。

リールの基本型

　リールは、ユーザーの興味を引くよう、インパクトのある場面を最初に入れます。ワンカットは1〜2秒で切り替えてカット数を多くして、ユーザーが飽きて離脱するタイミングを与えないようにしましょう。全体の長さを20秒以内におさめたり、撮影時には手ブレしないようにしたりするのもポイントです。

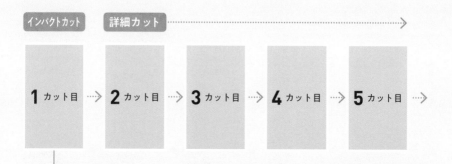

ユーザーの目に留まるような場面を1カット目に。

商品を手に持つ場面を入れると、臨場感が出る。

ワンカットは長くせず、場面を多く見せたほうが効果的。

STUDY 3 ｜ ストーリーズの基本型

　ストーリーズは、フィード投稿のお知らせのほかに、フォロワーとコミュニケーションをとる手段として利用します。ユーザーに質問を投げかけたり、ユーザーの投稿を紹介したりします。また、フィードと異なり、画像にリンクを直接貼ることができるのもストーリーズの特徴です。

何を伝えるストーリーズなのか、タイトルの文字を入れると見てもらいやすくなる。

ユーザーの投稿やコメントなどを紹介するのはストーリーズならではの活用法。

ユーザーにリアクションを促す機能が搭載されているのもストーリーズの特徴。

「アンケート」を設置するのも、簡単にリアクションがもらえるので効果的。

大切な情報は投稿文より写真と動画で伝える

写真と動画を組み合わせると「保存」されやすい

投稿文は基本的に読まれない

Instagramは写真や動画を見せるSNSなので、投稿文に頼らずに商品の魅力や詳細が伝わる投稿を意識しましょう。

せっかくカルーセル投稿（スライドのように10枚まで写真や動画を追加できる）があるにもかかわらず、写真1枚だけを投稿し、そのほかの情報は投稿文に集約させているアカウントも多く見られます。

「投稿文に書いてあればユーザーは理解してくれるだろう」と思っても、**文字だけではユーザーには伝わらない**ものです。投稿文まで丁寧に読み通すユーザーは、商品やブランドのファンでないかぎり少数です。フィード投稿を行う場合には、**写真と動画を上手く組み合わせた構成にする**のがベストです。

「保存」されやすい写真や動画の構成とは？

具体的には次のような構成にするとよいでしょう。

1枚目はサムネイルとしてフォロワーのホーム画面をはじめ、「発見タブ」や検索画面などで表示されます。ほかの投稿よりも目立ち、タップを誘うようなインパクトある画像を意識しましょう。

たとえばレシピ紹介なら、料理の画像が地味な場合は「時短」「まとめ」

「○人が保存した」など、**具体的な数字や言葉で伝えると効果的です。**文字入れは、競合アカウントや、自社と親和性のある一般のアカウントがどんなサムネイルにしているか研究するとよいでしょう。

　フォロワー外のユーザーに「発見タブ」で見つけてもらい「いいね」やフォローをしてもらうカギは、サムネイルが9割を占めるといってもいいかもしれません。

　2枚目は動画を載せるのがおすすめです。商品の詳細がより理解できるように補足します。

　飲食店であれば調理している動画を入れたり、アパレルであれば商品の質感やサイズ感、ウォーキングの様子を追加したりすると効果的です。写真だけでは伝えられない要素を動画にするわけです。

　3枚目以降は、たとえば飲食店や商業施設であればお店のメニューや外観、アパレルであればカラーバリエーションやコーディネートのパターンを投稿すると、ユーザーにとって有益な情報となります。

　こういった工夫を施すことで、投稿がユーザーに「保存」してもらえる確率が高まります。ユーザーが実際に店舗を訪れた際に、あらためて「保存」した投稿を見返してもらう、といったアクションも期待できるでしょう。そうすると、**閲覧数を増やし、滞在時間を延ばすことができます。**つまり、Instagramから「有益な発信をするアカウント」と認識してもらうことも狙えるわけです。

目に留まったらついタップしたくなるような文字を入れてユーザーの注意を引く。

\ 投稿文の書きかた /

投稿文は王道の型をつくって使い回す

ユーザーが知りたい情報をもれなく入れる

投稿文もワード検索の対象になる

　フィードとリールには投稿文（キャプション）を追加できます。写真や動画だけでなく、必ずテキストの情報も入れておきます。右ページのような要素を盛り込むとよいでしょう。チェックリストをつくり、投稿文を書くたびにこれらが記載されているか確認します。**フォーマットをつくっておけば作成スピードもアップするはずです。**

　数年前までは「# ランチ」「#fashion」といったハッシュタグ検索が主流でしたが、Instagram にもGoogle の検索のようにキーワードで情報を探すしくみが導入されています。ハッシュタグを入れていなくても、**投稿文に該当するワードが入っていると表示される**ことがあるのです。

　現時点では精度はそこまで高くないものの、写真や動画だけでは、商品の価格や発売時期、店舗の住所などの細かい情報を伝えづらいため、投稿文に書き込んでおきましょう。

　また、投稿文には**自社のアカウントにメンション**（@ ＋ユーザー名を記載する）しておきましょう。ユーザーが投稿の内容に興味を持てば、そのアカウントを確認したくなります。メンションが記載されていればすぐにプロフィール画面に遷移させることができます。フォローしてもらったり、ほかの投稿を見てもらったりするためには、いかにプロフィール画面に飛ばす導線をつくるかも重要です。

投稿文の基本要素

wolf.0313 気になる味やコスパなどお店詳細はコチラ👇
自ら食べ歩いて正直食レポします！
@wolf.0313 で行きたいお店を参考にしてね！

【#代々木上原　酒処小林 @kobayashi_uehara 】

絶品だし巻きと角煮ランチが楽しめるお店🥢

だし巻き玉子定食　1,200円 (税込)
とろける豚角煮定食　1,500円 (税込)

本当は教えたくない、デートにもぴったりの穴場ランチが楽しめるお店！

ここはランチでも予約ができるから予約必須だよ！
優しい味で、じゅわーーっと汁が染み出すだし巻き玉子に、歯がなくても噛めるほど柔らかい豚の角煮はどちらも最高！

両方頼んでシェアするのがおすすめ！
ごはんの量や小鉢も少ないので、正直物足りなさはあるけど、古民家をリノベした内装は無機質で落ち着きがあって雰囲気も最高！

🚃代々木上原駅から徒歩1分
🪑25席ほど
📍東京都渋谷区西原 3-6-1
⏰【水〜日】
11:45〜14:45
　(料理 L.O. 14:15 ドリンク L.O. 14:15)
17:00〜翌0:00
　(料理 L.O. 23:00 ドリンク L.O. 23:30)
　【火】
17:00〜翌0:00
　(料理 L.O. 23:00 ドリンク L.O. 23:30)

原則、月曜日定休日
日曜営業
定休日:月曜日

#東京カフェ #東京グルメ #東京ランチ #東京ディナー #代々木上原カフェ #代々木上原グルメ # 代々木上原ランチ #代々木上原ディナー #japanesefood #japanfood #japantrip

メンション
@マークから始まるユーザネームを入れて、自分のプロフィール画面へ誘導。また、お店を紹介する際には、キャプションにお店のアカウントをメンションしておく。

タイトル
投稿の内容を端的に示す。

商品名・価格
正式名称や価格を正確に記載。

訴求ポイント
文章は短く簡潔に。全体で1〜2画面におさまるぐらいの文字数で書くと最後まで読んでもらえる。

店舗データ
プロフィール画面に記載されていても毎回記載する。営業時間や開催期間なども忘れずに告知しておく。

ハッシュタグ
関連するキーワードを記載する。

メンション

投稿文は、ユーザーのタイムラインにフィード投稿なら最初の2行、リールなら3行表示され、「続きを読む」をタップすると、全文が表示されます。

そこで、サムネイルにインパクトのある写真を載せ、冒頭に自社のメンションを記載しておきます。ユーザーに「これは何？」と思わせながら、メンションをタップしてもらえるので効果的です。

フィードの場合、**「続きを読む」の文字の上にメンションがあるので、アカウントの存在を認知させたり、プロフィール画面への誘導につながったりする**わけです。これによりプロフィールの遷移数が2割アップしたアカウントもあります。

いいね！：m0224a、他
wolf.0313 自ら食べ歩いて正直食レポしてます！
@wolf.0313 で行きたいお店を参考にしてね！
... 続きを読む
コメント8件をすべて見る
5月6日

訴求ポイント

訴求ポイントは長々と書かず、2〜3点を厳選して載せます。スマートフォンの1〜2画面におさめるのが目安。ユーザーはスマホで読むことを想定し、**1文ずつ改行し、段落ごとに1行空けるなど、読みやすくします。**絵文字は使いすぎず、1画面に2個ぐらいの割合が適切です。

Bad!

> 人気商品とろけるクレープがテレビ番組「おいしいデザート探訪」に紹介されました！ これを記念して、通常は店頭限定販売の商品を特別に9月26日から1週間限定で通販でもご提供いたします！

長い文を改行なしに書いてしまうと読みづらくなり、ユーザーは読むのをやめてしまう。

Good!

> とろけるクレープがテレビ番組「おいしいデザート探訪」に登場！
>
> そこで、店頭限定販売の商品を10月7日から1週間限定で通販でもご提供！

余計な言葉は入れず、一文はなるべく短くする。

データ

　商品・サービス、店舗などのデータは、画像や動画に入っていても、同じ内容を投稿文にも書いておきます。価格や営業時間などは意外に忘れがち。ユーザーの利益になる情報はもれなく入れましょう。**数字や固有名詞**は、ついまちがって書いてしまいやすいので、入念なチェックを。

```
====================
●商品名
とろけるクレープ
●価格
各1200円（税込）
●販売期間
10月7日〜13日
====================
```

罫線やカギカッコ、●印などの記号を使って、データを見やすくする工夫を。同業他社のアカウントを参考にするのもよい。

9月29日リリース！

【Autumn Smart Jacket】
size:S/M/L/LL
price:¥3,800（tax in）

詳細は9月26日に発表

新商品・サービスの告知なら、冒頭文のすぐあとにデータを書くのもひとつの方法。ユーザーが知りたい情報はなるべく前に記載する。

ハッシュタグ

　ハッシュタグ検索の有効性は減少傾向にありますが、投稿文の最後に関連するものを追記しておきましょう。人気のある（投稿数の多い）タグを多く付けがちですが、投稿と関連性が低いと逆効果なので注意。**人気タグのなかから関連性の深いものを選んで付ける**ようにしましょう。

#とろけるクレープ #クレープ #デザート #おやつ #ギフト #お取り寄せ #お取り寄せグルメ #お取り寄せスイーツ #お取り寄せギフト

現在は投稿文のワードも検索対象になっているため、ハッシュタグ探しなどに時間をかける必要はない。

#東京グルメ #東京ランチ #東京カフェ
#渋谷グルメ #渋谷ランチ #渋谷カフェ

タグは数が少なくても問題ない。アカウントのジャンル認知につなげるため、関連の薄いものは付けない。

\ リールのつくりかた /

つい最後まで見たくなる
リール（動画）づくり

取り組む企業が少ないからこそチャンス

自社に親和性の高い企業アカウントを真似る

　リール（動画）をつくるときの考えかたとして、「いいね」や「保存」されることも大切ですが、それらはあくまで投稿の内容の指標です。撮影時にその指標をどう落とし込んでいくかと考えたときに、**重要なのは「完全視聴」という観点**です。

　これまでユーザーの投稿への滞在時間も評価の基準になるとお伝えしましたが、ユーザーが投稿を最後まで視聴したかどうかの「完全視聴率」も重要と考えています。

　また、動画撮影が上手くなる方法は、むやみにいろいろな撮影方法を試さないことです。

　上達のコツは、自社に親和性のある企業アカウント（再生回数が伸びている動画が原則）やクリエイターのアカウントの動画を見て、**どんな内容になっているかを確認し、その方法の真似から始めることです。**
「真似る」と聞くと簡単そうに聞こえますが最初はなかなか難しいものです。繰り返すうちにコツをつかめれば撮影がとても楽になります。

　再生回数が伸びているリールをたくさんチェックして、なぜ伸びているのか？　仮説を立てつつ自社のリールに活かせるポイントを取り入れて、自社ならではのオリジナリティあふれる動画をつくっていきましょう。

リール（動画）の撮影テクニック

動画制作は
最初の２秒が大事

ユーザーが動画を目にした時点から引き込むことによって視聴維持を図る。テロップは「高級料理店の気になる賄い飯！その①」などとする。ユーザーがふだんなかなか行けないようなお店で「何が出てくるのだろう？」と引き込む。数字を付けると、③を最初に見た人に①②を見たいと思わせ、プロフィール画面に誘導する仕掛けとなる。また、「夏のシーン別コーデ３選」とテーマ別に訴求したり、「○選」などランキング形式にしたりすると完全視聴に誘導できる。

カットを多くして
ワンカットを短くする

企業アカウントでよくあるのが、商品・サービスの説明をしたいあまりにワンカットの時間が長いこと。完全視聴につなげるためにはカットを多くし視聴者を飽きさせない工夫が必要だ。試してほしいのが、撮影した動画を1.2〜1.5倍速にしてワンカットを1〜2秒で見せていく手法。これもユーザーを飽きさせない工夫だ。

20秒以内で伝える

リールにかぎらずTikTokやYouTubeのショートなど、これからはショートムービーが重要となる。ジャンルに特化した情報系クリエイターのアカウントは、15〜20秒の短い時間でいかに相手に端的に伝えるかを試行錯誤している。企業アカウントも、伝えたいことが多すぎて長尺にならないように、動画でアプローチする事柄と、投稿文で伝えればいい内容を見極めて、リール作成をしていこう。

手ブレしない

"手ブレしない"ことも重要なポイント。動画は写真と比べて情報量を多く詰め込めるが、基本的に動くのは撮影者ではなく、撮影物（人物）とする。撮影物もカメラも動くと視聴者にとって非常にストレスを感じる動画になる。多くのファンがいるリールはカメラは動かず、撮影物が動いている投稿がほとんどだ。

06

\ 写真の撮りかた /

1枚目の写真は
インパクトのあるものに

ユーザーのタップを促すコンテンツをつくる

スマホでもインパクトは出せる

　Instagramでは複数の写真を投稿できますが、**1枚目は必ずインパクトのあるものにしましょう。** 1枚目は投稿のサムネイルとして使われ、ユーザーのタイムラインに表示されます。そこでユーザーに興味を持ってもらいタップしてもらわなければならないからです。

　とはいえ、プロのカメラマンに頼んだり、特別な機材を用意したりする必要はありません。スマートフォンのカメラでインパクトのある写真を撮ることはできます。

　企業アカウントなら同じ商品を数多く用意できます。これは一般ユーザーには真似ができません。**同じアイテムが複数並んで写っているだけでもインパクトを出すことができます。**

　ほかにもカラーバリエーションを用意したり、お店のラックに並べたりするのも、企業アカウントならではの撮りかたになるでしょう。次ページ以降の点に注意して撮影してみましょう。

ユーザーのタイムラインでタップしたくなる写真をサムネイルに

インパクトのあるサムネイル

アップで撮る

被写体にできるだけ近づき、画面いっぱいに余白を残さないように撮影すると、それだけでインパクトを出せる。

明るく撮る

撮影後に加工することもできるが、撮影時に露出調整を行い、明るい写真をめざす。最初に対象物にピントを合わせるのも忘れずに。

2個以上並べて撮る

企業アカウントの強みを活かし、同じ被写体を複数用意して並べると、一般ユーザーの写真との違いが出てホームなどでも目立つ。

撮影の応用テクニック❶　自然光を取り入れる

　写真撮影でもっとも重要視してほしいのが自然光を取り入れた撮影です。ファッション、グルメ、スポット紹介と内容を問わず、いかにこの自然な光を取り入れて撮影をするかが重要です。自然光を上手く取り入れることでレタッチ（写真加工）が必要のない写真を撮影できます。

　しかしなんでも太陽の下で撮ればいいというわけではありません。たとえば右の写真はどちらも自然光ですが、上が直射日光、下が自然光（曇り空などのやわらかい光）で撮った写真です。

　直射日光のものはストロボを使った写真のように、対象物以外のまわりが暗く写ったり余計な影ができたりします。

　宣材写真のように何か一部分などを強調したい場合などにはいいかもしれませんが、やはり広告感が出てしまいます。Instagramの投稿にはぜひ自然光を活用してみてください。

直射日光で撮った写真

自然光を上手く使った写真

撮影の応用テクニック❷ 「発見タブ」を意識する

　Instagramで「発見タブ」に掲載されることがファンを獲得する重要なポイントとお話ししました。そこで意識してほしいのが、「発見タブ」に載ったときにサムネイルがどう見えるかです。

「発見タブ」はリールなども掲載されますが、基本的には横は3列で表示されます（左の写真）。スマートフォンのカメラロールで「発見タブ」の見えかたと同じ表示にして（右の写真）、撮影したなかでももっともインパクトがあるものを選びます。同じような撮影でも3列で見たときに大きさや立体感の見えかたが違っていたりします。インパクトが足りないなどの問題があれば、撮り直すことも検討しましょう。

発見タブの見えかた

カメラロールの表示

グルメ撮影のテクニック

料理や食料品を美味しそうに撮るには、ちょっとした工夫が必要です。光の当てかたやモノの並べ方はプロのカメラマンでも苦労するところですが、下の方法なら簡単にきれいな写真が撮れます。

光に注意する

撮影に特別なライトは不要だが、照明には注意したい。暗い写真は食べ物の魅力が伝わらないので、屋外か光がたっぷり入る窓際で撮影するとよい。

斜めにする

真正面よりも角度をつけて撮ると、ボリューム感が出て、ユーザーの食欲をそそる。また、写真に動きが出るので、単調にならず興味を持ってもらいやすくなる。

露出を調整する

屋外や自然光が入る場所で撮影できない場合は、屋内で撮ることになる。どうしても暗い写真になってしまうので、撮影時に露出の設定を調整して色味が鮮やかに写るようにしよう。

手に持つ

手に持って撮ると、サイズ感やボリューム感がよりわかりやすくなる。中身を開く（割る）、スプーンですくうなど、動きをつけるのもおすすめ。

ファッションの撮影テクニック

ユーザー自身がアイテムを身につけている姿を想像できることが大切です。ポージングで工夫したり、色味を統一してアイテムが魅力的に見えるように撮影したりすると、見る人に"刺さる"ものになります。

バリエーションを見せる

投稿の1枚目の写真は、Tシャツやニットなどをまとめたアイテムで統一感を出しながら、2枚目以降は着用感を見せる。

小物はまとめ撮り

コーデなどと合わせると服に負けてしまう小物は、カラバリやジャンルでまとめる。2枚目以降は使用感がわかる写真にする。

身長の違う人が並ぶ

上下に動きが出て、ありきたりな構図の写真になることを防げる。骨格やカラー診断についても載せるのも◎。

ポージングを工夫する

訴求したいポイントに分けて撮影。アイテムをメインに見せるなら顔切り、お出かけシーンなどは顔アリにする。

写真提供：@mystic_pr

運用スタイルごとのコンテンツ制作

自社の状況に合わせた
最適なコンテンツづくり

自社の商品の特性とUGCの可能性を見極める

　ここからは、運用スタイルごとに、どのようにコンテンツをつくって
いくか説明します。

Style A ｜ 商品紹介

既存ファンに有益な情報を発信する

　自社の商品・サービスに関する情報がInstagramユーザーの興味・
関心を引き、UGC（ユーザーの投稿）がつくられやすい場合、このス
タイルになります。自社の情報がユーザーの利益になり、なおかつ**ユー
ザーが情報を積極的に拡散してくれる**ことが期待できるため、企業・ユー
ザーの両方にメリットがあるスタイルといえます。

　居酒屋やカフェなどの飲食店、不動産会社、ホテルなどの業種に向い
ています。

　コンテンツをつくる際は、商品・サービスに関する情報（値段、店舗
の住所など）を明記しておきます。

　また、**リールも積極的に活用したいところ**。飲食店なら厨房での調理
風景、ホテルであればお部屋やアメニティグッズなどを紹介します。グ
ルメレポートや"お部屋拝見"といった企画は、テレビ番組やYouTube
でも人気を集めており、Instagramのユーザーにも"刺さる"コンテン
ツになるはずです。

Style A ［商品紹介］ **蔵出し焼き芋かいつか【公式】**

「焼き芋かいつか」は、さまざまな焼き芋を提供する専門店で、茨城県を中心に6店舗および通販を展開。多くのファンからUGCが発生し、それを活用して発信数を増やしています。キャンペーン情報や新商品情報とあわせてUGCによる口コミでフォロワー数も増加しています。

295	3.5万	0
投稿	フォロワー	フォロー中

蔵出し焼き芋かいつか【公式】
ショッピング・小売り
最高糖度47度の『紅天使』を中心にオリジナルの
焼き芋を販売🍠
Instagramでは最新情報、皆様のポストをご紹介

自社ブランドである『紅天使』はもちろん、お芋
スイーツ、ギフトセットなど通販でも販売中！
通販ではキャンペーンも定期的に実施しています😊
▼通販はこちらから
🔗 www.kuradashi-yakiimo.com/shop/a/ains

◀ プロフィール文に具体的な数字（ここでは糖度）を記載。商品やお店の"顔"となる情報を入れて魅力をアピールする。通販ページへのリンクも忘れない。

▲ 9回投稿のうちに1回は主力商品に関する投稿をして、「焼き芋」を中心とした商品を展開していることがひと目で理解できるようにする。

いいね！：abduazgeldiev、他
kuradashi.kaitsuka.official 【#かいつか アイス
最中 紫芋】

本日は「アイス最中 紫芋」をご紹介いたします🍠

サックサクの最中に紫芋のアイスと小豆を挟ん
で、和風なテイストに😋

これからの暑くなる時期にぜひオススメのメニュー
です。

ぜひ店頭でお試しください✨

□価格
アイス最中 紫芋 255円 (税込)

□カフェメニュー対象店舗
※店舗によってメニューの取り扱いが一部異なります

【かすみがうら本店】
茨城県かすみがうら市大和田字地蔵前517
TEL：029-879-8077
営業時間：9:30～18:00
定休日：年中無休（臨時休業有）

◀ 商品の魅力はもちろん、価格やお店の情報（住所・連絡先・営業時間など）をしっかり記載する。

Chapter 4

ユーザーに"刺さる"投稿をつくる「クリエイティブ」のコツ

Style A ［商品紹介］ **RoomSelect 理想のお部屋探し**

東京を中心に一人暮らしや同棲カップルにおすすめのおしゃれな物件を紹介。フォロワーは1000人と少数ながら、リールの再生回数がフォロワー数の5〜22倍までリーチしています。

▲ リールの1カット目に「おしゃれ物件」「新築ワンルーム」など引きのある文字を入れる。カテゴリーはハイライトに整備。

room_select
162 投稿　1,117 フォロワー　14 フォロー中
RoomSelect(ルームセレクト)理想のお部屋探し
不動産サービス
＼デザイナーズやリノベーション物件紹介＠東京／
住む家にこだわりたい方は要チェッ... 続きを読む
🔗 lin.ee/iRyFbjX

◀ LINEへのリンクを貼り、タップすればすぐにお問い合わせできるようにする。LINEとDMで月に数十件の問い合わせを獲得。

room_select '
★物件 No.66

ペット可能◎
八丁堀駅徒歩2分

好立地◎高級マンションのお洒落な2LDK♪

八丁堀駅 徒歩2分 / 2LDK 54.13㎡
賃料 280,000円 / 共益費 25,000円

詳細は明日UP予定の
ルームセレクト動画にてご確認ください！
その前に気になる方はコメントください😊

ストーリーズでリールや投稿に載せていないお部屋をご紹介してます✨

▲ フィードの投稿文では、リールの告知を行ってアクセスにつなげたり、フォローやコメントを促す内容を記載したりする。

▲ リールを使って外観からお部屋のなかまで細かな部分を紹介。

Style B ｜ 商品アレンジ

ティザーを見せて購買意欲を高める

　自社の商品数やサービスの種類が少ない、あるいは商品数が多くてもユーザーのUGCが期待できない場合は、このスタイルで運用します。

　商品の使いかたや応用的な利用法、アレンジのしかたなどを紹介してコンテンツ数を増やしていきます。

　服や雑貨、家具など、商品そのものより、使いかたにユーザーの関心が高いジャンルに適しています。

　このスタイルでとくに活用したいテクニックとして、**「ティザー」を見せる方法**があります。

　まず、開発段階もしくは発売前に商品を見せ（ティザー）、発売のタイミングであらためて商品を紹介します。さらに後日、商品の活用・アレンジ法を投稿するわけです。

　ティザーの投稿でユーザーの関心を集め購買意欲を高めておくことで、購買につながっていきます。商品の活用・アレンジ法の投稿も閲覧してもらえれば、滞在時間が延び、アカウントの評価も上がります。すると、既存のファンだけでなく、フォロワー外のユーザーにも情報が届き、新たなフォロワーを獲得できる可能性も高まるわけです。

| 発売前に"チラ見せ" | → | 発売日に商品紹介 | → | 発売後に活用・アレンジ紹介 |

3段階で商品を紹介する

Style B ［商品アレンジ］ **アンディコール**

「un dix cors（アンディコール）」は、働く女性をメインターゲットにしたカジュアルブランドです。商品を紹介するだけでなく、シーン別におすすめのコーディネートをリールで投稿するなど、ユーザーに親近感を持ってもらえるように、店員さんの目線で情報を発信しています。

▲「低身長さん」や「夏に黒を着たい人」など、ユーザーの悩みに応えるテーマでリールを投稿している。ブランドのファンでないユーザーにも役立つ情報が得られるため、新規顧客にもリーチできる可能性が高い。

▶ ショップの店員がモデルとなり、コーデを紹介。ユーザーに近い属性（年齢層や体型など）の人がアイテムを着ることで、ユーザーが自分自身の着こなしを想像でき、親近感もわく。

Style B ［商品アレンジ］ ACLENT

「ACLENT（アクレント）」では、毎週金曜日にインスタライブを実施し、新製品の特徴やコーディネートを紹介。ユーザーからの質問にも回答して購買意欲を高めます。当日の19時にECサイトで商品を発売し数分から数時間で売り切ってしまう、という手法をとっています。

▼ 商品紹介だけでなく、コーデや着こなしのコツなどのノウハウをリールで投稿。

▲ 発売前に、「ティザー」を投稿。投稿文には商品名や価格、カラーバリエーション、サイズといった、あえて必要最低限の情報だけを記載し、ユーザーの好奇心をあおる。

▲ 商品の詳細がわかる写真も投稿し、ユーザーの理解を深める。

Chapter 4

ユーザーに〝刺さる〟投稿をつくる「クリエイティブ」のコツ

Style B ［商品アレンジ］ **阿部亀商店【公式】abekame**

「阿部亀商店」は、ツナ缶を製造・販売する食品メーカーです。主力となる商品は2種類しかありません。しかし、自社商品を使ったさまざまなレシピを紹介し、多くのフォロワーを獲得することに成功しています。

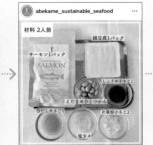

たとえば写真の1枚目は料理の完成品、2枚目に材料の紹介、3枚目に作りかたの説明、そして4枚目に調理工程の動画を載せる。材料と作りかたは投稿文にも入れておく。

「即席」「簡単」などの言葉を入れておくと、ユーザーの興味を引きやすい。投稿文にも同じ言葉を入れておくと検索対策になる。

Style C | マガジン

雑誌のような「お役立ち投稿」でユーザーの悩みを解決する

　ユーザーの課題や悩みを解消することに重きを置くスタイルです。必ずしも自社の商品・サービスだけを使用して「商品紹介」をするわけではない点がスタイルAやBと異なります。

　たとえば、食品メーカーであれば、自社の食品に関する投稿を発信するのではなく、自社の食品を使ったレシピを紹介する。家具メーカーであれば、おしゃれなインテリアのつくりかたを提案する、というように、**「企業として発信したい情報」から「ユーザーが知りたいと思っている情報」** に視点を変えてコンテンツを制作していきます。

　ユーザーの興味・関心に焦点を当て、いわばInstagramに"雑誌"（マガジン）をつくっていくわけです。

　ユーザーが「自分の趣味に応える情報を発信しているアカウント」と思えば、投稿を積極的に閲覧してくれたり、コメントや「いいね」などに反応してもらえたりして、「親密度」もアップします。それによって自社のアカウントがInstagramから評価されることも大きなメリットのひとつです。

　さらに、ユーザーが自社アカウントのファンになってくれれば、商品・サービスのファンにもなってもらえる点も大切です。**あえて直接的に商品・サービスのPRをしなくても、マガジンとしての情報発信が有効な"広告"になっている** わけです。

　大手メーカーのアカウントもInstagramでは自社の商品紹介に終始していることがほとんどです。マガジンとして運用することで、中小企業でも大手と同じ土俵で戦うことは十分に可能であるわけです。

　ちなみに、SHIBUYA109のアカウントもこの運用スタイルです。

ケーススタディ

Style C［マガジン］　さがぴん【公式】佐賀の魅力を発信

「さがぴん」はさが県産品流通デザイン公社が運営するアカウント。食品メーカーではありませんが、佐賀県の魅力を県内外に伝えるため、グルメに特化した情報を発信しているのが特徴です。フォロワー約1万人に対して、リールの再生数は平均4万を稼ぎます。

▲ 投稿はリールのみに専念。0.5〜1秒ごとにカットを変え、全体の尺も15秒ほどなので、次々と動画を見たくなる。

▼ 飲み物がもっとも美味しそうに見える角度に配置。わずか1秒のカットにも工夫を凝らしている。

◀ 中身を割って見せる。テレビのグルメ番組の手法も取り入れている。

Style C ［マガジン］ **タビジョ** タビジョ

旅行会社エイチ・アイ・エスが運用する「タビジョ」は2016年から「＃タビジョ」を用いたUGCを先駆けて実施。アカウントだけでなくコミュニティ化をし、「タビジョレポーター」を選定し、旅行レポートも紹介しています。

▲「タビジョレポーター」は、実際に世界各地の観光地を訪れ、写真や動画を投稿。広告やパンフレットとは印象の異なるコンテンツになり、ユーザーが興味を持ちやすい。

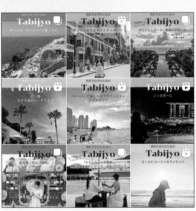

▶ サムネイルや投稿文などのスタイルを統一して、世界観を演出。ユーザーが「ここを旅したい！」と意欲をかき立てられるよう工夫されている。

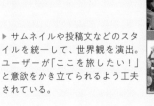

自社のサービスの成約に直接つなげられる

　自社のサービスの種類がInstagramに定期的に投稿できるほど多くなかったり、利用者の人数がかなり制限されていたり、UGCの発生が期待できなったりする場合に適したスタイルです。Instagramのミッションがコミュニティ化にある点を最大限活用します。つまり、**ユーザーとコミュニケーションをとり、そのやりとりそのものをコンテンツ化してしまう**のです。

　具体的には、ユーザーから質問や悩みを募り、それに回答します。自社で解決できない問題は、ほかのユーザーから回答してもらったりします。ストーリーズの「質問箱」などの機能（Chapter5参照）を活用して質問を投げかけて、ユーザーに回答してもらう方法がおすすめです。その回答をもとに別のストーリーズを投稿してもよいでしょう。反響のあったストーリーズをハイライトに置いておくのも有効です。

　モノ（プロダクト）の製造・販売ではなく、コト（ノウハウやコンサルティングなど）を提供する事業なら、**ユーザーとのやりとりがほかのユーザーの問題解決にもつながる**ため、親和性の高いスタイルといえます。

　投稿を続けるうちに、自社のアカウントを中心にユーザーのコミュニティが形成されます。これがInstagramの理念にもかなっているため、効果的なインスタマーケティングになるわけです。

　また、ユーザーの悩みを解決するうちに、Instagramからの評価だけでなく、ユーザーからのアカウントに対する信頼も上がっていきます。DMなどでユーザーからのお問い合わせに答えるしくみをつくっておけば、**自社のサービスの成約に直接つなげることもできます**。ビジネス上のメリットが大きいスタイルといえるでしょう。

Style D ［ユーザー交流］ **ほいくのおまもり／保育の製作&なんでも質問**

「ほいくのおまもり」は、保育士の転職を支援するサービスを提供する企業アカウントです。「マガジン」スタイルのように、ユーザーの悩みを解決するコンテンツで支持を集めながら、ストーリーズで交流もしっかりと行い、フォロワー数を堅実に伸ばしています。

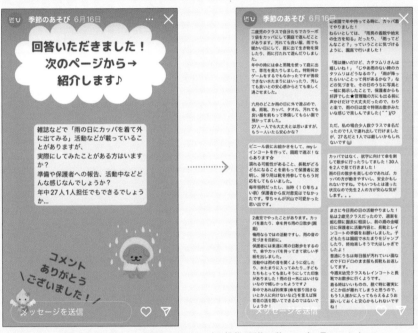

▲ ユーザーから悩みを募り、それに答えるメッセージを掲載。回答は数ページに及ぶことも。

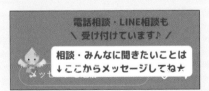

▲ ストーリーズでは長文の文章が送れないため、DMに誘導している。DMはアカウント間の「親密度」が爆発的に上がるため効果的。

▲ ハイライトを上手く活用し、ユーザーとのコミュニケーションが活発なことを見せて、フォロー率をアップさせる。

保存数をより
増やすためにここを

Check!

クリエイティブ
の分析と改善

「投稿に興味を持った」＝「保存した」と考え、フィードやリールの保存率を中心に確認します。各投稿について下記のデータを毎月チェックし、目標に達していない場合は、改善策を試してみましょう。

 分析 1か月に1回

フィード投稿
保存率

[目標] **1.0**% 以上

$$\frac{保存数}{フィードでリーチしたアカウント数} \times 100$$

フィード投稿を見たユーザーがどのくらい「保存」したか

リール投稿
保存率

[目標] **1.5**% 以上

$$\frac{保存数}{リールでリーチしたアカウント数} \times 100$$

リール投稿を見たユーザーがどのくらい「保存」したか

フォロー率

[目標] **3.0**% 以上

$$\frac{フォロワー増加数}{プロフィールへのアクセス} \times 100$$

1か月間でどのくらいフォロワー数が伸びたのか

プロフィール
アクセス率

[目標] **5.0**% 以上

$$\frac{プロフィールへのアクセス}{リーチしたアカウント数} \times 100$$

投稿を見たユーザーがどのくらいプロフィール画面にアクセスしたか

改善 1 　写真の撮りかた／リールのつくりかた

思わずタップしたくなる写真を
投稿しているか？

参照ページ ▶ P100〜107

　Instagramの投稿は写真が中心となるため、いかにユーザーの興味を引く写真を撮るかがポイントになります。フィード投稿の保存率が低いようなら、サムネイル（1枚目）の写真がインパクトのあるものになっているか、2枚目以降の写真もユーザーに興味を持ってもらえるものになっているかを確認しましょう。

　また、リール（動画）を活用している企業は少ないため、リールも積極的に投稿しましょう。魅力的な動画を投稿できれば、「保存」されやすく、アカウントの評価を上げることにもつながります。

Check!

**1枚目はインパクト
のある写真にする**

「アップで撮る」「色味を調整する」など工夫して、ユーザーが思わずタップしたくなる写真を1枚目に載せる。

Check!

**動画を
組み合わせる**

2枚目以降に動画を載せるのも効果的。写真よりも動画に興味を示すユーザーは多い。商品の詳細などは動画のほうが伝わりやすいことも。

Check!

**リールを
魅力的に撮影**

短いカットをつなげたり、BGMと映像をリンクさせたりと、ユーザーが思わず保存したくなる工夫を。自然光や固定カメラで撮るのも重要。

改善2 投稿文（キャプション）

投稿文にもれなく必要な情報が書かれているか？

参照ページ ▶ P96〜99

　投稿は写真や動画が中心となりますが、補足として投稿文（キャプション）にも必要な情報を載せましょう。投稿の保存数が少ないのは、写真や動画だけでは、必要な情報がしっかりとユーザーに伝わっていないからかもしれません。写真や動画に文字を入れていたとしても、同じ内容を投稿文にも載せておきます。たとえば、写真や動画を見たあとに投稿文をチェックし、「気になる商品かも」「あとでくわしく読んでみよう」などとユーザーが思えば、保存数は増えていくはずです。

　また、フォロワー数を伸ばしたり、プロフィール画面にアクセスしてもらいECサイトへ誘導したりするには、さらに工夫が必要です。下記のポイントも意識して投稿文をつくるとよいでしょう。

プロフィール画面へ誘導する

投稿文に自社アカウントへメンション（＠＋ユーザー名）を入れておく。ユーザーにタップしてもらいやすく、プロフィールへ画面のアクセスを増やす効果が期待できる。

商品・店舗のデータをしっかり載せる

商品・サービスの売り込みはしっかり行っているのに、価格や販売期間、店舗の住所などの情報を書き忘れてしまうケースが意外に多い。これらはもっともユーザーが知りたい情報である点を意識しよう。

改善3　運用スタイルごとのコンテンツ制作

運用スタイルに適した情報発信ができているか？

参照ページ ▶ P108〜119

　運用スタイルによって適切な情報発信のしかたは異なります。自社のアカウントにふさわしいスタイルを見極めると同時に、スタイルの特徴を活かした投稿を心がけることで、ユーザーの支持を集めていきましょう。

Check!

ユーザーに情報を拡散してもらう

ユーザーに積極的に自社の情報を発信してもらえるよう、動画を活用するなどして興味を持たれる投稿を。

Check!

ティザーを見せて購買につなげる

発売前の商品を見せてユーザーの関心を集めておき、発売時にあらためて商品を紹介して購買へとつなげる。

Check!

ユーザーの興味・関心に焦点を当てる

「企業が伝えたい情報」ではなく「ユーザーが興味・関心を持つ情報」に特化して投稿をしていく。

Check!

ユーザーとのコミュニケーションをコンテンツ化する

自社の商品・サービスだけでは投稿がつくれない場合、ユーザーとの交流をコンテンツ化してしまう。

フィード

Instagramの基本となる投稿の形式。写真や動画を10枚まで掲載でき、投稿文（キャプション）も付けられる。投稿されたものは、プロフィール画面やフォロワーのホームに表示される。

リール

動画に特化した投稿の形式。90秒以内の動画を掲載できる。「リールタブ」に表示される点がフィード投稿と異なる。

「商品紹介」スタイル

Instagramのアカウント運用スタイルのひとつ。自社の商品・サービスを紹介することで、ユーザーの興味・関心を集めていく。商品・サービスの種類が豊富で、ユーザーが積極的に自分の投稿で紹介してくれる場合に向いている。

「商品アレンジ」スタイル

Instagramのアカウント運用スタイルのひとつ。自社の商品・サービスの活用法やノウハウを紹介し、ユーザーに有益な情報を提供していく。商品・サービスの種類が少ない、または商品・サービスを紹介するだけではユーザーが情報を拡散してくれることが期待できない場合は、このスタイルが適している。

「マガジン」スタイル

Instagramのアカウント運用スタイルのひとつ。ユーザーの興味・関心や世間の流行などに着目した情報を発信していく。自社の商品・サービスを中心に扱わない点が「商品紹介」「商品アレンジ」スタイルとは異なる。

「ユーザー交流」スタイル

Instagramのアカウント運用スタイルのひとつ。コメントやDMなどでユーザーとコミュニケーションをとり、そのやりとりをコンテンツ化した投稿を中心に運用する。

ティザー

一般的には「予告」を意味する。本書では、発売前に商品の情報を発信したり、フィード投稿をする前に知らせたりすることなどを指している。

フィード投稿保存率

それぞれのフィード投稿について、リーチ数に対してどのくらい「保存」されたかの割合。

リール投稿保存率

それぞれのリール投稿について、リーチ数に対してどのくらい「保存」されたかの割合。

Chapter

5

自社のファンになってもらえる

『コミュニケーション』
のとりかた

Chapter5 では、インスタマーケティングの核心に迫っていきます。つまり、フォロワーとどのようにコミュニケーションをとり、自社のファンを増やしていくか。そのノウハウを解説します。まずは、Instagram におけるコミュニケーション手段としてもっとも有効な「ストーリーズ」の活用のしかたをくわしく紹介していきます。

また、コメント返信やリポスト（再投稿）、DM でのやりとりなどで、フォロワーとの接点を増やしエンゲージメントを高める方法も紹介。企業アカウントがおろそかにしがちなコミュニケーションの大切さを理解しましょう。

01

\ コミュニケーションの基本 /

ユーザーと交流して
自社のファンを増やす

「親密度」が上がればアカウントの評価も上がる

コンテンツづくりだけでなくコミュニケーションも大切

インスタマーケティングでは、「どんなコンテンツをつくるか」も重要ですが、**「どのようにユーザーとコミュニケーションをとるか」**という点も意識する必要があります。いくらユーザーの興味を引く内容を投稿しても、一方的に情報を発信するだけでは不十分です。Instagramにおいては、ユーザーとやりとりを重ねることで「親密度」が上がっていき、ユーザーのホームに自社の投稿が表示される頻度が増えて、ユーザーの目に留まりやすくなります。

また、「親密度」が高いアカウントがあると、そのアカウントのフォロワーや、そのアカウントとの「親密度」が高いユーザーに自社のコンテンツが届く可能性が高くなります。自分と仲の良い友達を自動的にほかの友達に紹介するようなイメージです。とくに「発見タブ」に表示される傾向があります。そのため、**より多くのフォロワーとコミュニケーションをとっていく**ことを念頭におきましょう。

「ファンマーケティング」を効果的に行う

このようなInstagramにおけるアルゴリズム上のメリットのほかにも、ユーザーが自社の商品・ブランド、あるいは会社そのものに愛着を

持つファンになってもらえる利点もあります。コミュニケーションを重ねるうちに、非フォロワーがフォロワーになったり、フォロワーが自社のファンになってくれたりするでしょう。つまり、コミュニティ化が深まっていくわけです。**ユーザー（顧客）をファンに変えることで売上アップにつなげていくことを「ファンマーケティング」といいます。**その意味でも、インスタマーケティングにおいてコミュニケーションは重要なのです。

　また、ユーザーと積極的にコミュニケーションを図ることによって、ユーザーの企業に対するエンゲージメント（親密度）が高まっていきます。エンゲージメントが高まれば、投稿に対して積極的にコメントしたり、ほかのユーザーに拡散したり、あるいは商品・サービスを購入したりしてもらえるようになるのです。このように、**相手と繰り返し接触することで、好感度や評価が高まっていく心理効果は「ザイオンス効果」と呼ばれています。**マーケティングや営業などの分野でよく使われる手法です。

　Instagramにおいても、ユーザーとの接触回数を増やすことは重要であるわけです。

◉「ザイオンス効果」のイメージ

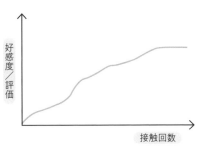

好感度／評価

接触回数

「ストーリーズ」を中心にユーザーとやりとりする

　では、具体的にどのようにユーザーとコミュニケーションをとればよいのでしょうか。Instagramでとくに**コミュニケーションの起点となるのが、「ストーリーズ」という機能です。**そこでChapter5では、ストーリーズを中心にユーザーとやりとりをして「親密度」を高めていく方法について解説していきます。

02

\ ストーリーズの魅力 /

ストーリーズを極める者は Instagramを極める

ユーザーがもっとも利用している機能

企業アカウントが使いこなしていない今がチャンス

　企業とユーザーがコミュニケーションをとる手段として活用したいのが「ストーリーズ」です。Instagramの機能としては比較的新しいものですが、**今では一般ユーザーがもっとも利用している機能となっています**。投稿後24時間でコンテンツが消えるため、友人や知人に向けた"日記"の代わりとして手軽に利用されています。

　一方で、ストーリーズを使いこなしている企業アカウントは、ほとんど見当たりません。ビジネス目的で利用するのが難しいというイメージがあるのでしょうが、だからこそチャンスともいえます。

　ストーリーズの特長は**ユーザーのホームの上部に表示される**点です。フォローしているアカウントのアイコンを見かけたら、ついタップしてしまうものです。

　アイコンが並ぶ順番はInstagramのアルゴリズムによって決まりますが、詳細は公開されていません。しかし、ストーリーズを「いいね」したり、スタンプなどに反応したりと、自社のアカウントに関心が高いアカウントほど左側に表示されると考えています。

　また、自社のアカウントをフォローしてくれた新規フォロワーも、一定期間優先的に左側に表示される傾向にあります。**「フォローする」という行為は、とくに「親密度」をアップさせるアクション**と予想される

ので、このしくみは納得がいきます。

企業への愛着を深めてもらうきっかけにする

　ストーリーズを発信するにあたり心得ておくべきなのは、**親近感や愛着を深める**という点です。ストーリーズはユーザーが日常的に友人や知人の生活を見たり、自分自身について発信したりする場です。PR している感じが強い発信はすぐに飛ばされてしまいます。フォロワーの悩みを引き出したり、商品の開発状況を見せたり、お客さんとのコミュニケーションの様子を載せたりと、積極的に発信しましょう。

◉ ストーリーズを活用すべき5つの理由

1 ホームの目立つ場所に
表示される

2 ユーザーの日常の興味・関心や
行動を確認できる

3 フィードやリールよりも
細かく情報発信ができる

4 特別感や限定感を
演出できる

5 ユーザーが気軽に
リアクションできる

ユーザーのホームから見たストーリーズ

\ ストーリーズのつくりかた /

フィードやリールの予告として活用すると効果的

情報発信よりコミュニケーションが目的

ユーザーの期待感を高める

ストーリーズは、情報を発信することそのものが目的ではなく、ユーザーとコミュニケーションをとるための手段と考えます。ユーザーに何かを知ってもらうというよりも、いかにアカウント同士でやりとりをするかが大切なのです。

とはいえ、企業としてはフィードやリールも見てもらいたいところ。そこで企業アカウントに取り組んでほしいのは、**フィードやリールの新規投稿をストーリーズで予告する**方法です。投稿されてから短時間でユーザーから「いいね」や「保存」といったアクションが行われると、投稿がより多くのユーザーにリーチする傾向があります。新規投稿の直後に紹介したり、あるいは数日前から投稿までの過程を見せていったりすることも効果的です。

フィードやリール投稿の期待感をストーリーズで醸成していく、という活用のしかたは企業アカウントではあまり行われていないので、ぜひ試してみてください。

また、ストーリーズは、フィードやリール投稿とは異なり、リンクを貼れるのも特徴です。自社のホームページやECサイト、イベントのチケット予約ページなどにユーザーを誘導できます。商品・サービスの購入にもつながりますので、ぜひ活用してください。

　　　　フィード投稿のお知らせ

　フィードやリール投稿の内容を事前にストーリーズで見せると、ユーザーにとって投稿への期待感が高まります。フィードやリールを見逃してしまうフォロワーもいると思いますが、ストーリーズをチェックするのが習慣になっていると、ストーリーズのニューポストのお知らせを見落としても、「投稿されたのかも？」と思ってプロフィール画面にアクセスして、見逃しがないか確認してくれる可能性もあります。

　たとえば下のように、**フィードやリールを投稿する数日前に、フォロワーの関心を集めそうな題材でストーリーズを発信**しておきます。このとき、ストーリーズのなかで題材に関する質問をフォロワーに投げかけておきます。後日、その質問に答えるストーリーズをつくり、さらにユーザーの期待感をあおるのです。こうすることでフィードやリールを見てもらえる可能性が高まります。

投稿の予告　　　　　　　　　　　　　　　　投稿のお知らせ

フィードやリールの投稿前にストーリーズを発信。質問を投げかけるなどしてユーザーの関心を集めておく。1週間前、3日前、前日など、複数回行ってもよい。

フィードやリールを投稿したあとに、そのことを知らせるストーリーズを発信するのも効果的。

ふだんは見られない光景を写す

自社の商品・サービスの魅力を伝えるために、ユーザーからは見えない部分（開発現場や調理風景）などを発信するのもよい方法。また、フィードやリール投稿の写真を撮影している様子などを紹介するのも、ユーザーの興味を引き、投稿を見てもらえる可能性が高まります。

調理風景

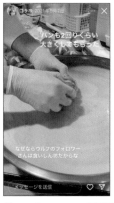

撮影の様子

グルメジャンルでは調理風景がバズりやすい。企業アカウントの成功事例もあるものの、この手法はあまり知られていない。

ユーザーからの声を紹介

フォロワーの投稿（UGC）をストーリーズで紹介することで、ユーザーから親近感を持たれやすくなります。ユーザーは企業アカウントで紹介してもらえるとうれしさを覚え、友人・知人のアカウントに共有しコミュニケーションをとるきっかけにもなるでしょう。

商品の口コミは魅力的なコンテンツ。できればユーザーのフィード投稿だけでなく、ユーザーのストーリーズもチェックして紹介したい。

活用例 ④ "24時間限定" を活かす

　表示時間が限定されているため、一時的な告知に活用するのもおすすめ。イベントやキャンペーンの情報は、期間が過ぎるとユーザーにとって意味のないものになるため、ストーリーズで発信するのに適しています。「今だけの特別な情報」といったお得感も演出できます。

イベント情報

イベントの終了後に不要となる情報は、ストーリーズで発信するのがおすすめ。最寄り駅から会場までのアクセスを動画で見せるのもよい方法だ。

キャンペーン情報

期間限定のキャンペーンの情報もストーリーズで発信し、特別感を演出する。商品の詳細ページへのリンクを貼り、購入につなげる。

「質問箱」で
フォロワーの反応を引き出す

コミュニケーションを活発化させる工夫を

「質問箱」で具体的な質問を投げかけてみる

　ストーリーズには、フォロワーとのコミュニケーションを促す、さまざまな「補助機能」が備わっています。これらの機能を上手く使えば、**コンテンツの内容にそれほど凝らなくても、フォロワーの反応を上手く引き出すことができるのです。**

　まず、真っ先に活用したいのが「質問箱」です。質問する側の質問文と、それに対してフォロワーがコメントを返信するための入力欄がセットになったものです。

「何か質問はありますか？」といった抽象的なものより、「好きなメニューは何ですか？」「あなたの服選びのポイントは？」など、ストーリーズの内容に沿った**具体的な質問を投げかけるのがポイントです。**

　また、フォロワーから回答があれば、それを別のストーリーズで紹介するのもよい方法です。「回答している人がいるんだ」とフォロワーが思えば回答率が上がりますし、コミュニケーションが活発になれば、Instagramの自社アカウントに対する評価もアップします。

　フォロワーからの質問に対し、あえて別のフォロワーに問いかけて回答してもらう方法もあります。その回答も別のストーリーズで紹介するわけです。好みなどが分かれやすい質問であれば、フォロワーもつい回答したくなり、コミュニケーションの量も増えていくでしょう。

「質問箱」の上手な使いかた

質問は具体的にする

質問文「なんでもどうぞ」よりは「あなたの好きな○○は？」など、具体的に問いかける。

質問の回答を募る

ユーザーの質問に対し、あえてほかのユーザーに回答を促す。その回答を載せたストーリーズをつくれば一石二鳥だ。

別のストーリーズで回答にコメント

ユーザーの回答にコメントするストーリーズを新たにつくってしまえば、コンテンツ数が増え、ユーザーの滞在時間も延ばせる。

135

フォロワーから簡単に
リアクションがもらえる

ストーリーズの閲覧数を上げる工夫を

タップするだけの「アンケート」

前項では、ユーザーとのコミュニケーションを簡単に促すストーリーズの機能として「質問箱」を紹介しました。ただ、ユーザーとしては回答の入力に少し手間がかかるため、より手軽に反応できる機能も併用するとよいでしょう。

まず、ぜひ活用したいのが**「アンケート」**です。ユーザーは質問に対する回答ボタンをタップするだけ。タップするとどちらの回答に人気が集まっているか表示されます。**ユーザーが思わず回答したくなり、なおかつ人気が拮抗しそうな質問にするのがコツ**。そのアンケート結果を紹介するストーリーズを別につくるのもよいでしょう。

画面が楽しくなる「リアクションスタンプ」

「リアクションスタンプ」は、作り手も手軽に設置できるのでおすすめです。タップするとスタンプが出てくるので、ユーザーも気軽に反応してくれます。「今日、こんな投稿します」といった**ティザー（予告）のような使いかた**もよいでしょう。スタンプの数が多いと拡散されやすく、次のストーリーズの閲覧数が上がることも期待できます。

「アンケート」と「リアクションスタンプ」の上手な使いかた

アンケート

ストーリーズの内容に関連して、ユーザーが直感的に回答できる「アンケート」を設置する。その結果を別のストーリーズで紹介するのもよい。

アンケートを設置

アンケートの結果を紹介

リアクションスタンプ

「リアクションスタンプ」は、画面に楽しい動きが出るのでInstagramのユーザーに人気。作り手としても手軽に利用したい。

リアクションスタンプを設置

タップするとスタンプが表示

Chapter 5 自社のファンになってもらえる「コミュニケーション」のとりかた

137

06

\ リポストのコツ /

自分の投稿が企業アカウントに評価されるとうれしい

ユーザーの投稿なら広告感がなくなる

ユーザーの投稿も自社のコンテンツになる

「リポスト」とは、ユーザーの投稿を自社アカウントから再投稿することです。ユーザーに直接働きかけるものではないとしても、企業アカウントがユーザーの投稿を"評価"することになるため、**「リポスト」も重要なコミュニケーションのひとつといえます。**
「リポスト」には、次のようなメリットがあります。

"広告"や"PR"という感じをなくせる

ユーザーの投稿ですから広告やプロモーションとは感じられず、ほかのユーザーも親しみやすいため、閲覧してもらいやすくなります。

「ユーザーフレンドリー」を演出できる

「ユーザーのことを意識してくれる企業だ」と思われ、商品・サービス、ブランドに対する愛着が深まる効果も期待できます。

コンテンツ制作のコストを削減できる

元はユーザーの投稿なので、コンテンツづくりの手間や時間がそれほどかからないのも利点です。

「リポスト」の上手なやりかた

ストーリーズへリポスト

ストーリーズへのリポストはInstagramの機能で手軽にできる。ストーリーズはユーザーの閲覧数も多いので、積極的に利用したい。

フィードへリポスト

ユーザーの投稿内容をしっかりチェックし、お礼のコメントを入れる。毎回同じものにしないこと。ユーザーの実際の声を投稿文に含めるようにする。

07

\ コメントへの返信 /

ユーザーのふるまいに
感謝する

コメントの内容は丁寧に読み込む

決まり文句を返信するのはマイナスイメージ

　ユーザーが自社の商品・サービスについて投稿してくれたら原則コメントで返信しましょう。**企業からのコメントやDMを送るケースは少ないため、受け取った側は印象に残ります。私自身これまで2000店舗以上紹介してきましたが、コメントをいただくこともあります。感謝の気持ちをもらった企業は信頼でき、まわりにも紹介したくなるでしょう。**

　とはいえ、ただコメントを返せばよいわけではありません。どのコメントに対しても「ありがとうございます」のような決まり文句を返信するだけでは、Bot（自動化プログラム）とユーザーに思われて、かえってマイナスの印象を与えてしまいます。

　コメントの内容をしっかり読んで気持ちを込めて返しましょう。長文でなくてもかまいません。「ご友人とのお食事を楽しんでいただきありがとうございます」「お客様のお好みに合うアイテムをまたご用意します」など、ユーザーの行動にお礼をすることがポイントです。

　ユーザーのなかにはネガティブなコメントを付ける人もいます。担当者として不快感を覚えても、けっして"反論"はしないようにしましょう。ユーザーの自社に対するイメージが悪くなってしまいます。**ネガティブなコメントへの対応は、社内で話し合い、事前にマニュアルをつくっておくとよいでしょう**（58ページ参照）。

コメント返信の良い例・悪い例

良い例

ユーザーの気持ちに共感するのがポイント。
質問されたら積極的に答えよう。

Good!

下の部分は何でできていますか？

コメントありがとうございます
下の層には
チョコレートが入っています

Good!

美味しそう

ありがとうございます
今の季節にぴったりの商品です

Good!

どこで買えますか？

渋谷店、原宿店で取り扱っております。
限定商品ですので、
お早めにご来店をおすすめいたします

Good!

誕生日のお祝いにいただきました

お誕生日おめでとうございます
商品の使いかたの投稿もしていますので
ご参考にしていただけると幸いです

悪い例

定型文のような返信はNG。
またコメントに"反論"はしないこと。

Bad!

値段が高すぎる

ほかの店舗よりも安いです

Bad!

美味しくなかった

それは残念でしたね

08

\ DMの基本 /

親しいアカウント同士は
DMでやりとりしている

企業とユーザーもDMで「親密度」が上がる

DMのやりとりを活発化する

　一般ユーザーは、親しい友人・知人と日常的にDMでやりとりしています。Instagramのアルゴリズム上、**頻繁にDMを交わしていると、相手との「親密度」が高いと判断され、フィードやストーリーズの投稿が優先的に表示される傾向にあります。**

　このしくみを利用して、企業とユーザーがDMでやりとりすれば、同じように自社の投稿をユーザーのホームに優先的に表示させることができます。

　じつは**フォロワー数を伸ばしているアカウント**は、開設直後から積極的にDMのやりとりをしています。

　そこで、**ストーリーズにはDMにつながる仕掛け**を施しておきましょう。たとえば、「知りたいことがあったらDMしてね」「このアイテムの着こなしについて知りたい方は今日だけDMでお答えします」といったメッセージを記載しておくのです。

　ただ、ユーザーが企業のアカウントにDMを送るのはハードルが高いでしょう。そこで、ユーザーとやりとりしたDMを（本人に許可を得て）ストーリーズに"見本"として載せると、ハードルを下げることができます。

　ほかにも、ストーリーズを見たユーザーが友人にメンションしたら、

その投稿を紹介させてもらう方法もあります。このとき、感謝の意を込めてコメントを添えるのがポイント。**企業のアカウントに取り上げられれば、ユーザーの企業に対するエンゲージメントも深くなるでしょう。**

メンションしてくれたユーザーの厚意に応える

ユーザーが自社をメンションした投稿は、ストーリーズで紹介しましょう。**実際に商品・サービスを購入してくれたユーザーであれば、長くお付き合いしたいお客様ですから、ひとつひとつ心を込めてメッセージを入れていきます。**毎回同じようなコメントばかりでは、ビジネスライクの印象が強くなってしまうので、ユーザーの投稿の内容をじっくり読んで書くようにしましょう。「お誕生日おめでとうございます」など、ユーザーの個人的な状況に触れることも有効です。

紹介されたお客様だけでなく、ストーリーズを見たほかのユーザーも、アカウントをフォローしてくれたり、ほかの投稿を見てくれたりして、エンゲージメント（親密度）が上がればInstagramからの評価も上がります。DMを起点としたコミュニケーションもインスタマーケティングの有効な手段のひとつなのです。

ユーザーがメンションした投稿を紹介する。

143

\ インスタライブのポイント /

インスタライブは新商品・サービスの理解を深めるチャンス

ストーリーズとの合わせ技で効果が上がる

内容をつくり込まずライブ感やノリを重視

　企業アカウントとして、Instagram のライブ配信機能も活用したいところです。ただ、あくまで**フィードやリール投稿といったクリエイティブ、ストーリーズにおけるコミュニケーションのほうを優先**し、余力があればインスタライブを開催するのがよいでしょう。

　インスタライブの手順としては、まずライブを開催する旨をストーリーズなどで告知しておきます。その際、「質問箱」や「アンケート」機能などを使って、ユーザーに質問を投げかけておきます。その回答をライブのネタにするわけです。

　インスタライブは、企業側から何かを伝えるというよりは、**ユーザーとコミュニケーションをとることが目的ですから、ユーザーとのやりとりを重視します。**企業アカウントだからといって、テレビ番組のようにつくり込むのではなく、その場の雰囲気を見極めながらアドリブで発言するなど、ライブ感を意識しましょう。

　とはいえ、SNS担当者はタレントやプロの司会者ではないので、いざ本番になると何を

話せばよいかわからなくなってしまいます。事前に台本をつくり（ユーザーからの質問を選んでおくなど）、本番でスムーズに進行する準備をしておくと安心です。

　インスタライブを行うのは、新しい商品・サービスのリリース時が適しています。ストーリーズで新製品の情報をティザー（予告）的に出しながら、最終段階でインスタライブを開催するのです。ユーザーの関心を集めることでライブの視聴者も増えますし、ユーザーの商品に対する理解も深めることもできるでしょう。

● インスタライブの手順とポイント

STEP 1	ライブの計画	商品・サービスのプロモーション計画と連動させるのが理想
STEP 2	ストーリーズで告知	ライブの告知と同時に、当日のネタを集めるため質問を投げかける
STEP 3	台本の作成	当日の進行や紹介するコメントなどを事前に準備しておく
STEP 4	インスタライブ本番	企業アカウントでも、かしこまらない雰囲気のほうが親しみがわく
STEP 5	ユーザーに対応	ライブ後、感想のコメントなどが届いたら、丁寧に返信する

ユーザーからの
反応を増やすためにここを [Check!]

コミュニケーション
の分析と改善

インスタマーケティングにおいてユーザーとのコミュニケーションは重要です。下記のデータを1か月に1回チェックし、成果があまり出ていないようなら、次ページからの改善策を実践しましょう。

分析 1か月に1回

ストーリーズ閲覧率

目標 **3.0%以上**

$$\frac{\text{ストーリーズ閲覧数}}{\text{フォロワー数}} \times 100$$

ストーリーズがどのくらいのユーザーに閲覧されたか

プロフィールアクセス率

目標 **5.0%以上**

$$\frac{\text{プロフィールへのアクセス}}{\text{リーチしたアカウント数}} \times 100$$

投稿を見たユーザーがどのくらいプロフィール画面にアクセスしたか

フォロー率

目標 **3.0%以上**

$$\frac{\text{フォロワー増加数}}{\text{プロフィールへのアクセス}} \times 100$$

1か月間でどのくらいフォロワー数が伸びたのか

改善 1 ## ストーリーズのつくりかた

ストーリーズの特性を十分に
活かしているか？

参照ページ ▶ P128〜133

　ストーリーズは、投稿後24時間で削除されるという特徴を持つため、フィードやリールとは異なる情報発信ができます。ストーリーズの閲覧数が伸びていない場合は、ストーリーズの特性を活かした投稿を試してみましょう。

　また、ストーリーズは「ユーザーに有益な情報を発信する」よりも、「ユーザーとコミュニケーションをとる」ための手段として利用します。企業アカウントであっても、友人・知人のような親しみを持ってもらえれば、ストーリーズの閲覧数が上がり、フォローしてもらえる可能性も高まります。

Check!

ユーザーのコメント
などを紹介する

ユーザーのコメントやDMでのやりとりなどをストーリーズで紹介。紹介された当人だけでなく、ほかのユーザーにも好感を抱いてもらえる。

Check!

フィード・リールの
ティザー（予告）を見せる

フィードやリールを投稿する前に、ストーリーズで予告する。ユーザーに興味を持ってもらうと、投稿の閲覧数を上げることにつながる。

Check!

「今だけの特別な情報」を
発信する

24時間で消える特性を活かし、キャンペーン情報などの特別な情報をストーリーズで発信すると閲覧してもらえる可能性が高まる。

改善2　ストーリーズの補助機能

ユーザーがリアクションしやすい
工夫をしているか？

参照ページ ▶ P134〜137

　ストーリーズなどの投稿に対して、ユーザーがどのくらいリアクションするかは、Instagramがそのアカウントを評価する際の指標となります。当然、リアクションが多ければ、良質なアカウントと見なされ、発信した情報がより多くのユーザーに届きやすくなります。

　ストーリーズには、ユーザーのリアクションを引き出すための補助機能が備わっていますので、積極的に活用します。これまで補助機能の設置数が少なければ、単純に数を増やすだけでもインサイトの数値を改善することにつながるはずです。

Check!

「質問箱」でユーザーに
問いかける

ユーザーが答えやすいよう、できるだけ具体的な質問をする。ユーザーからの回答を別のストーリーズで紹介するのも効果的。

Check!

「アンケート」をとり
結果を紹介

結果が拮抗しそうな質問のアンケートを設置して、ユーザーの反応を誘う。その結果を別のストーリーズで紹介するのもよい。

Check!

「リアクションスタンプ」
を設置しておく

ユーザーはボタンをタップするだけなので、気軽に反応してくれる。企業側も手間がかからないので、積極的にストーリーズに設置しよう。

改善3 リポスト・コメント返信・DM

ユーザーと積極的に
交流しているか？

参照ページ ▶ P138〜143

　Instagramにおいてユーザーとコミュニケーションをとる方法は、ストーリーズのほかに「リポスト」があります。自社や商品について発信しているユーザーの投稿を再投稿します。"広告感"がなく、コストもかからないため、企業アカウントとして積極的に実行したい方法です。

　また、ユーザーからのコメントには丁寧に気持ちを込めて返信します。さらに、ストーリーズにはDMを促す仕掛けを施しましょう。どちらも地味な方法に思えますが、フォロワーを増やすことにつながるはずです。

Check!

ユーザーの投稿を
「リポスト」する

ユーザーの投稿を企業アカウントが再投稿することは、直接やりとりをしなくても、コミュニケーションのひとつとして効果がある。

Check!

気持ちを込めて
コメントに返信する

企業アカウントはビジネスライクに決まり文句で返信しがちだが、ひとつひとつ気持ちを込めることがユーザーからの信頼につながる。

Check!

DMにつながる
仕掛けを施す

ユーザーと頻繁にDMでやりとりすると「親密度」が上がる。ストーリーズで「DMしてね」などと誘導してもよい。

ストーリーズ

写真や動画をスライドのように見せるInstagramの投稿形式。投稿後24時間で削除される点が特徴。フォロワーのホームの最上部に表示されるため、フィードやリールよりも閲覧してもらいやすい。フィードやリールが情報の発信に重きを置いて投稿するのに対し、ストーリーズはフォロワーとのコミュニケーションを目的とする。

インスタライブ

Instagramに搭載されているライブ配信機能。リアルタイムでフォロワーに動画を配信できる。配信中に視聴者からコメントを受け取ったり、アーカイブを残したりすることも可能。

質問箱

ストーリーズの補助機能のひとつ。ストーリーズに質問文を設置し、ユーザーに回答を入力してもらう。

アンケート

ストーリーズの補助機能のひとつ。ストーリーズにアンケート文を設置し、ユーザーに回答してもらう。ユーザーが回答をタップすると、それまでの回答数が表示される。

DM

特定のユーザーに対してメッセージを送る機能。テキストや画像・動画のほか、Instagramの投稿なども送信できる。メッセージの内容をほかのユーザーは見ることができず、1対1でやりとりが可能。特定の複数のユーザーとやりとりする機能もある。

リポスト

ほかのユーザーの投稿を自分のアカウントから再投稿すること。リポストには、コンテンツ作成の手間や時間を大幅に軽減できるほか、元の投稿者だけでなくほかのユーザーにも自社に親近感を持ってもらいやすくなるといったメリットがある。

ストーリーズ閲覧率

それぞれのストーリーズについて、どのくらいのフォロワーが閲覧したかの割合。

ザイオンス効果

相手と繰り返し接触することで、好感度や評価が高まっていく心理効果。マーケティングや営業などの分野でよく使われる。

Chapter

6

目標達成に近づくための
マーケティング施策

　インスタマーケティングは短期間に劇的な効果をもたらすものではありません。地道で継続的な実践が必要です。しかしながら、「クリエイティブ」や「コミュニケーション」とあわせて実践することで、比較的早期に結果を出したり、効果を底上げしたりできるマーケティング施策があります。

　そのなかから、Chapter6ではInstagramの広告を中心に、目標達成の可能性を高める施策を解説。広告の費用の目安や少額で成果を出す方法など、多くの担当者が抱く疑問に答えていきます。インフルエンサーの活用やほかのメディアとの連動なども参考になるはずです。

インスタマーケティングの効果が 出ないこともある

より効果的な施策を併用して目標達成をめざす

インスタマーケティングが難しいケースとは？

　インスタマーケティングでは、Chapter4 〜 5で説明したように、クリエイティブとコミュニケーションを実践しフォロワーを伸ばして、売上アップにつなげていくのが基本です。しかしながら、次のような場合は、広告出稿などのマーケティング施策も検討する必要があるでしょう。

❶ 自社アカウントが「ブランド訴求型」である
　71ページで紹介したように、**自社アカウントが「ブランド訴求型」に分類**される場合、Instagramで情報を発信したり、ユーザーとの交流を深めたりしても、思うような効果が出ない可能性があります。

❷ アカウントの開設から時間が経っていない
　自社アカウントが「ブランド訴求型」ではなく「インフルエンス型」であったとしても、アカウントを開設したばかりの時期は、当然ながらフォロワーも少なく、どんなにユーザーに有益な情報を発信したとしても、リーチ数の伸びは期待できないと考えられます。

❸ 自社の商品・サービスに季節性がある
　たとえば、夏場にしか売れない商品を訴求する場合、冬の寒い時期に

商品について情報を発信しても、ユーザーが投稿を「保存」するなどの
リアクションが期待できない場合があります。

❹ 商品やブランドの認知を早急に高めたい

　インスタマーケティングは、**長い時間をかけて地道に実践を重ねるこ
とで効果が表れます。**しかし、自社の戦略上、商品やブランドの認知を
短期間で高めたい場合もあるでしょう。

　以上のような事情がある場合は、本書で紹介しているインスタマーケ
ティングの実践に加えて、次ページから解説する広告出稿なども並行し
て行うとよいでしょう。両者の相乗効果で早期に目標を達成できる可能
性も高まります。

◉ **効果が期待できるマーケティング施策**

SNS広告を
出稿

低コストで大きな効果が
期待できるなど
メリットが多い

▶ P154〜165

インフルエンサー
を活用

ユーザーに共感して
もらえる投稿を
発信しやすい

▶ P166

ほかのSNS
を併用

素材を流用すれば
手間をかけずに
実践できる

▶ P168

\ Instagram広告の重要性 /

広告を使って
より多くのユーザーに届ける

ユーザーの目につきやすいインフィード広告という特徴を活かす

フォロワー以外のユーザーにも広告配信が可能

　ここではInstagram広告の特徴を理解しておきましょう。Instagram広告は、一般のユーザーによるフィードやリール投稿、ストーリーズに混在して表示される**インフィード広告（ユーザーのホームに表示される広告）**のため、シームレスな広告配信が可能です。フォロワーやハッシュタグ経由のユーザー以外にも表示ができるのが大きな特徴です。

◉ Instagram広告が表示される場所

ホーム

coffee.cafe_official
広告

広告

詳しくはこちら

coffee.cafe_official 週末限定のパンケーキセット🥞

画面上部に「広告」という文字が入る。

ストーリーズ

広告

HAPPY DAY
Weekend Menu

詳しくはこちら

Instagramの広告はリール、「発見タブ」にも表示される

潜在顧客に低予算でリーチできる

　同じMeta社が運営しているFacebookのユーザー情報も活用した精度の高いターゲティング（ターゲットを絞ったマーケティング）を行うことができるため、商品・サービスに興味を持っている見込顧客、フォロワーではない**潜在顧客へ的確にアプローチできる**ことも特徴です。また、「１日の予算」と「通算予算」を選択でき、100円から出稿可能という**低予算から始められる**のもポイントです。

インパクトのある写真を広告に

　Instagram は写真や動画がメインとなるプラットフォームですので、ひと目で内容が伝わる広告は効果が高くなります。ユーザーが思わずタップしたくなるような素材を使って広告をつくりましょう。

● インパクトのある広告の例

広告をタップするかどうか、ユーザーは一瞬で決める。なんの広告なのか、写真のインパクトで伝えながら、文字で情報を補う。

\ ターゲティング /

狙いを明確にすると
ターゲティング設定が見えてくる

目的・ゴールに合わせた精密なターゲティングを

目的やコンセプトを明確にしよう

　Instagram広告で何を達成したいか、目的を明確にしておくことは大切です。ブランドの認知度を上げたい、ECサイトに誘導して売上をアップさせたいなど、**具体的な狙いが明確になればなるほど、広告出稿のターゲットをどうするか、どんな広告を出したらいいのか、といった部分も明瞭**になってきます。

　広告を見てもらったあと、どんなアクションを求めるのか。最終的なゴールを見据えて狙いを決めておきましょう。

ユーザーに書籍購入を促すことを
目的とする広告

ユーザーに教室への参加を促すことを
目的とする広告

Instagram広告では、商品・サービスを使ってもらいたい顧客を細かく設定（ペルソナ設定）できます。**ターゲティングは、大きく4種類**の方法に分けられます。「30代、東京在住、美容に興味のある女性」など複数の条件を組み合わせながら、ターゲティングを絞り込んでいくのがポイントです。

ただし、**配信対象が減ってしまうと十分なリーチ数を確保できない**ため、絞り込みすぎるのも禁物です。

● Instagram広告におけるターゲティングの種類

カテゴリー	内容	特徴
ユーザー属性	年齢、居住地、属性（趣味嗜好、仕事、誕生日、ライフイベントなど）を設定する	「最近そのエリアを訪れた人」といった設定や、海外在住者へのリーチ設定も可能
インタレスト	Instagramでのアクションをもとに、「興味・関心」（スポーツや美容、ビジネス、テクノロジーなど）と、「行動」（記念日や旅行、購入行動など」でターゲティングができる	自社商品やサービスを検索したことがある人にリーチ可能
カスタムオーディエンス	顧客データ（メールアドレスや電話番号）を使うほか、FacebookやInstagramでアクション（フォロー、いいねなど）を起こしたユーザーのデータを利用できる	既存顧客へのつながりを深くするだけでなく、配信対象から既存顧客を外すことで新規顧客へのリーチにも
類似オーディエンス	カスタムオーディエンスと似通ったアクションを行っているユーザーへのリーチ。1〜10%というサイズでオーディエンスを調整できる	潜在顧客へのリーチに効果的。コンバージョン（ユーザーの購買など目標とする成果）につながりやすい

\ 広告作成のコツ /

「友達の投稿」のような 広告をつくる

フィードやストーリーズになじむ投稿がベスト

エンゲージメントの高い投稿を再利用

　Instagram広告は、広告用の素材を新たにつくる方法と、**エンゲージメントの高かった投稿をそのまま広告として出稿する**方法の２つがあります。

　後者の方法は、あらためて広告を作成するコストがかからないうえ、すでにエンゲージメントを獲得しているので、高い広告効果が期待できるでしょう。また、前者に比べて手軽に利用できることから、Instagram広告の出稿に慣れていない担当者におすすめです。

　なお、広告ポリシーに反するものも出稿できない点に注意しましょう。投稿を流用する場合、広告の作成にコストはかかりませんが、出稿には費用が必要です。

　Instagram広告は、Instagramアプリを利用する方法と、Facebookと連動した広告マネージャを利用する方法があります。前者のほうが操作は比較的容易ですが、後者のほうがより高度な機能を使えます。

● Instagram広告の出稿方法

Instagramアプリ

Instagramのアプリからなら、手軽に広告が出稿できる。該当の投稿の右下にある「投稿を宣伝」から出稿。フィードのほか、ストーリーズ、リールで利用可能。

広告マネージャ

Facebookと連携することでパソコンから広告マネージャを利用できる。精緻なターゲティングで配信者を絞ることができるほか、キャンペーン設定など高度な設定も可能。

広告・宣伝色の強い投稿は避ける

　Instagramは宣伝や広告っぽさに敏感なユーザーが多い傾向にあります。そのため、広告として表示させる投稿であっても、**一般ユーザーの投稿に近く、フィードになじむ広告・宣伝色の少ないクリエイティブ**（写真や文字などの素材）をつくることを心がけましょう。

　フィードやストーリーズにフォロワーの投稿と混在して流れてくるというInstagram広告の特徴を活かし、「友達の投稿かな」と思わせるようなものがベター。トレンドを取り入れながら商品・サービスの世界観を表現するほか、**利用することで得られる商品・サービスの特徴を盛り込む**こともポイントです。

◉ ユーザーの感覚に近い写真

ユーザー目線の自然な写真を選ぼう。商品の世界観を崩さず、フィードになじむ写真のほうが成果が出ることが多い。

◉ 動画を使った広告

体験型サービスの場合などは、サービスを利用している動画で視覚的に訴えるのも効果的。

\ Instagram 広告の種類 /

商品・サービスに合致する 最適なものを選ぶ

種類ごとに適切なクリエイティブが異なる

出稿場所やクリエイティブの異なるものが用意

Instagram広告の種類や出稿場所など、それぞれの**特徴を把握して、自社の商品・サービスに合致するものを選ぶ**とよいでしょう。

画像広告	動画広告

アプリを起動すると最初に表示されるホームなどに画像とテキストを表示できる。一般ユーザーの投稿に混ざって表示されるため、広告としての違和感が少ないのがポイント。推奨サイズは正方形。

画像広告と同様に、ホームなどに動画とテキストで表示される。目に留まりやすく動きのある映像コンテンツを持つゲームやお部屋紹介などにおすすめ。

カルーセル広告

複数枚の画像とテキストをホームやリールなどに表示。多角的な見せ方ができるため、商品・サービスをより深く伝えられる。

ストーリーズ広告

ストーリーズの閲覧部分に挿入される。画像、動画どちらにも対応。フルスクリーンで表示が可能なため、インパクトが大きく視覚的に訴えられる。

コレクション広告

カタログ形式で表示できる広告フォーマット。メインとなるカバーの画像・動画の下に複数の画像を並べられるため、購買意欲の向上につながる。

発見タブ広告

ホームではなく、画面下の虫めがねアイコンをタップしたときの「発見タブ」に画像・動画を表示。関心度の高いユーザーへの表示が可能。

06

\ Instagram 広告の課金方法 /

最終的な目的に合った
課金方法を選ぶ

費用ではなくゴールに合わせて決める

Instagram 広告の課金方法は４種類

Instagram 広告の予算を決めるうえで、重要な指針となる**課金方法の種類と費用の相場を押さえておきましょう**。代表的な課金方式はCPM とCPCで、前者は広告が表示されると課金、後者はユーザーのアクションで課金されます。また、CPIとCPVもユーザーのアクションごとに費用が発生します。

❶ インプレッション課金（CPM）
　広告が表示されるごとに費用が発生する課金方式。低コストでユーザーにリーチできる。商品・サービスの認知度を高めたいときに。

❷ クリック課金（CPC）
　広告クリックで費用が発生。ユーザーのアクションによって費用がかかる。早期に販売促進したいときに。

❸ アプリインストール課金（CPI）
　広告から自社のアプリがインストールされると費用が発生。コンバージョン（広告の目標として定める成果）の達成率がわかりやすい。

❹ 動画再生課金（CPV）
　Instagram 広告ではThruPlay（スループレイ）という独自の課金システムを採用。広告動画が15秒以上視聴されると費用が発生。

◎ 課金方法の費用相場・目的

種類	費用相場	目的
インプレッション課金 （CPM）	0.5〜2円 （1000回表示で 費用が発生）	● 商品・サービス、ブランドの認知度向上 ● コンバージョン獲得 ● 投稿へのエンゲージメント（反応）数アップ
クリック課金 （CPC）	50〜100円／クリック	● 商品購入への誘導 ● コンバージョン獲得
アプリ インストール課金 （CPI）	100〜300円／インストール	● 自社アプリのインストール
動画再生課金 （CPV）	4〜7円／1再生 （一定時間再生で 費用が発生）	● 動画の再生数アップ ● 視覚的なインパクトのある商品・サービスへのコンバージョン獲得

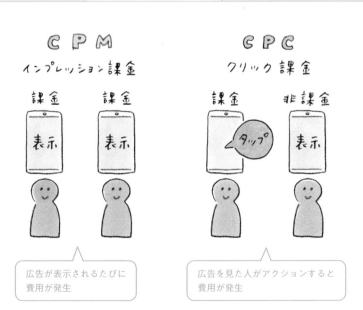

CPM
インプレッション課金

課金　課金
表示　表示

広告が表示されるたびに
費用が発生

CPC
クリック課金

課金　非課金
タップ　表示

広告を見た人がアクションすると
費用が発生

07

\ ABテスト /

広告を比較・検証して
効果を高める

繰り返し行うことがコンバージョン率の向上に

ABテストとは？

　広告は、クリエイティブの質によって効果が大きく変わるため、同じ条件のもとで比較・検証することが重要です。そのために使われるのがABテストです。

　ABテストとは、**比較する広告を2パターン以上用意**して、どちらのほうがクリック率（CTR）やコンバージョン率（CVR。ユーザーの購買などの成果）が高いか、**比較・検証する方法**です。画像やテキストなど条件（変数）を変え、結果を比較します。

　Instagram広告の場合は、広告作成ツール「広告マネージャ」を活用することで簡単に実施することができます。

◎ InstagramでのABテスト検証例

> 画像内に詳細を
> 記載したことで
> コンバージョン率アップ

※「コンバージョン」とは、商品の購入など、広告の目標として定める成果のこと。

Instagram 広告でのABテストの手順

　広告マネージャを利用して手軽に実施できるABテストは、以下の工程で行うとより成果につながりやすいでしょう。

STEP 1　目的を決める

クリック率（CTR）を上げたいのか、コンバージョン率（CVR）を上げたいのか。その目的によって、検証結果も変わってくる。具体的な目的を設定し、それを評価基準に。
　例：クリック率を20％向上させる

STEP 2　仮説を立てる

目的を達成するために、何が必要なのか。今、何が足りていないのか、仮説を立てて設定する。
　例：（仮説）商品より人物が目立つから、クリック率が低下している？
　　　→ 商品のアップの画像が必要では？

STEP 3　条件（変数）を設定

仮説に対して、何を条件（変数）として設定するのかを決める。
　例：商品の写りかたが異なる画像を比較

STEP 4　２つのクリエイティブでテスト配信

実施期間は4日～10日程度を目安に。

STEP 5　検証する

目的に合わせた評価基準で検証。
　例：A（商品のアップの画像）　→ リーチ数2000、クリック数1000
　　　B（人物が入った画像）　　→ リーチ数3000、クリック数500
　クリック率向上が目的であれば、Aのほうが最適。

STEP 6　繰り返しテストを行う

結果を検証して見つかった新たな課題に対して、ABテストを繰り返すことも重要。最適な広告パターンが見つかるだけでなく、継続的なエンゲージメント率の改善にもつながる。

08

\ 広告とPRの違い /

インフルエンサーを使った
PRなども活用する

広告とPRを組み合わせると効果的

広告とPRのメリット・デメリットを知る

　混同しやすい広告とPRについて、まずはその違いや特徴を押さえておきましょう。

　2つの**大きな違いは発信者**です。広告は企業（当事者）である一方で、PRはメディアや商品を購入する消費者などの第三者。Instagramでいうと、強い影響力を持つインフルエンサーがPRの発信者となります。広告を効果的に使うためには**第三者からのPR（UGC）を上手く活用する**のもポイントです。

● 広告とPR の違い

	広告	PR
発信者	企業（当事者）	インフルエンサーなど（第三者）
特徴	主観的（自薦）	客観的（他薦）
効果	即効性がある	持続性がある
メリット	内容や時期などをコントロールしやすい	客観的な情報で共感を得やすい
デメリット	知識が必要	配信内容をコントロールしにくい

インフルエンサーを活用する

インフルエンサーは、多くのフォロワーを抱えInstagramで強い影響力や拡散力を持つ人物のこと。自社アカウントの投稿をシェアしてもらうほか、**PR案件として協力を依頼**するのもおすすめです。PRで、第三者からの実績を積み上げると信頼感が高まり、商品・サービスの認知度向上やブランド力アップにつながります。

ただし、インフルエンサーの起用には、その選定や企業のイメージダウンにつながるステルスマーケティング（＝ステマ。広告であることを隠しての投稿）にならないようにするなど注意が必要です。

インフルエンサーを活用したPRの注意点
・ターゲットに近い属性の人選をする
・フォロワーや「いいね」の数を偽装していることも。過去の投稿やコメントなどで信頼できる人物を選ぶ
・投稿のタイミングや使用するハッシュタグなど、的確な指示を出す
・ステマはもちろんコスメ・美容商品などは薬機法にも注意する

ステマ規制がより厳しく

インフルエンサーへのPR案件は、今までも企業からの依頼での投稿であることを明確にする必要がありましたが、**2023年10月1日から消費者庁によるステルスマーケティングに対する法規制が強化**。景品表示法における"不当表示"に指定され、違反した場合には事業者に罰則・罰金が科されます。「#PR」が入っていればいい、というだけでなく、その表示が小さい、数多くのハッシュタグのなかに埋もれていて、宣伝だとわかりにくいものも規制の対象になる可能性があります。

また、Instagramでも今後はインフルエンサーマーケティングを活用する場合には、**"企業とのタイアップタグ"の設定が必須に**。ステマだと思われないよう最新の情報を確認しましょう。

\ クロスメディアの活用 /

TikTokやYouTubeと連動させて 広告効果を最大化する

組み合わせ次第で相乗効果が倍増

Instagram「動画」のクロスメディア戦略

　Instagram運用をさらに効果的なものにするためにクロスメディア活用について考えてみましょう。クロスメディアとは、**複数のメディアを利用して商品・サービスの広告を行う**こと。単独でも成果を得られやすいInstagram広告ですが、**クロスメディア戦略でさらなる相乗効果を狙える**場合があります。

　とくに**TikTokやYouTubeもユーザーの消費行動を促しているプラットフォーム**です。お菓子や飲料といった低価格の商品から、高級車・高級旅館といった高額商品やサービスまでが消費の起点になっています。実際、多くのヒット商品は、これらのプラットフォームで拡散されたことがきっかけになっているケースが多くあります。

　ユーザーに「おすすめ」のコンテンツを見せたり、コンテンツのつくり手と受け手がコメントで盛り上がったりする点は、Instagramとも共通しています。

　なかなか消費行動を起こさない潜在顧客は、Instagramに加えて、これらの動画プラットフォームの力を利用してアプローチするのが、これからのマーケティングのありかたともいえるでしょう。

「Instagramだけで手いっぱい」かもしれませんが、動画の素材を流用すれば、それほど手間をかけずにクロスメディアの実践が可能です。

● TikTok との連動

　歌ったり、踊ったりするショートムービの印象が強い TikTok ですが、"TikTok 売れ" という言葉があるほど、消費を動かすプラットフォームへと変化。Instagram のリールを TikTok に投稿したり、TikTok で発信した投稿を Instagram のリールなどで動画広告として活用したりするのもおすすめです。

投稿した動画を双方で活用

● YouTube との連動

　YouTube も TikTok と同様に動画が主体で、多くのユーザーが集まるプラットフォームです。たとえば、Instagram のプロフィール画面にYouTube のリンクを貼ったり、YouTube の動画のなかで Instagram へのアクセスを促したりする方法が考えられます。Instagram と YouTubeの双方で流入を増やせれば、より高い宣伝効果が期待できます。

それぞれの強みを掛け合わせる

　Instagram を通じて商品・サービスを売るには、「ストーリー」を伝えることです。商品開発にどんなチャレンジや困難があったのかなど、**商品の背景にある"物語"に人は共感や感動を覚えます**。Instagram やTikTok、YouTube の動画を活用すれば、そんな「ストーリー」をユーザーの心に届けることができるでしょう。

インフルエンサー
多くのユーザーからフォローされ、ユーザーに対して強い影響力や拡散力を持つ人のこと。

インフィード広告
ユーザーのホームに、ほかのユーザーの投稿と同じように表示される広告。

見込顧客／潜在顧客
将来、自社の商品・サービスを購入する可能性のあるユーザー。「見込顧客」はすでに商品・サービスに関心のあるユーザー、「潜在顧客」は商品・サービスを知らないユーザーを指す。

ペルソナ設定
自社の商品・サービスを利用するユーザー像を決定すること。一人の架空の人物を想定し、地域や性別・年齢・職業・性格・価値観・ライフスタイルなどを設定する。

広告マネージャ
Instagramに広告出稿をする際にさまざまな設定を行うためのツール。

ステルスマーケティング
ユーザーに広告であることを知らせずに商品・サービスを紹介すること。2023年10月以降は、景品表示法によって不当表示規制が強化される。

景品表示法
消費者保護を目的として、不当な広告や表示を禁止し、適切な情報提供を求める法律。

カルーセル広告
複数の画像や動画をスライドのように表示する広告。

インプレッション課金（CPM）
広告の課金方式。広告が1000回表示されるごとに課金される。

クリック課金（CPC）
広告の課金方式。広告がクリックされるごとに課金される。

クリック率（CTR）
広告の効果を測る指標。広告が表示された回数に対するクリック数の割合を示す。

コンバージョン率（CVR）
広告の効果を測る指標。アクセスしたユーザー数に対して実際の購買や目的の行動をとったユーザーの割合を示す。

コンテンツ制作マニュアル テンプレート

「コンテンツ制作マニュアル」のテンプレートです。書ききれない場合、
項目を増やしたい場合などは、表計算ソフトで作成してもOKです。

「コンセプト」の記入例はP68、それ以外はP52〜53参照

◉ コンセプト

誰の	
何を	
どう 解決するのか	
コンセプト	

◉ 運用方針

運用目的	
目標	
フィード	
リール	
ストーリーズ	
ターゲット層	

● フィード

撮影の方針	
撮影時のポイント	
背景	
編集アプリ	
写真（動画）の順番	1（サムネイル）
	2
	3
	4
	5
	6
	7
	8
	9
	10

● リール

撮影の方針	
撮影時のポイント	
背景	
編集アプリ	
カットの順番	CUT 1
	CUT 2
	CUT 3
	CUT 4
	CUT 5
	CUT 6
	CUT 7
	CUT 8

ストーリーズ

基本方針

リポスト

基本方針

コメント返信

基本方針

投稿分析 シート

インサイトで各投稿のデータを分析し記録しておきましょう。
このシートをコピーして使うのもおすすめです。

参照ページ ▶ P42〜45

	投稿日	投稿時間	タイトル	投稿種別	リーチした アカウント数
例	10月1日	17：00	東京のグルメ スポット紹介	フィード	3582
1					
2					
3					
4					
5					
6					
7					
8					
9					
10					
11					
12					
13					
14					
15					

先月のフォロワー数		人
今月のフォロワー数		人

フォロワー増加数
人
フォロー率
%

プロフィール アクセス率	フィード投稿 保存率	リール投稿 保存率	ストーリーズ 閲覧率	MEMO
2.8%	3.8%			

著者プロフィール

遠藤 優 Yu Endou

株式会社ウルフ代表取締役。株式会社SHIBUYA109エンタテイメント マーケティング
事業部を経て、現職。SHIBUYA109公式SNSの運用責任者として、2年間で公式アカウ
ントのフォロワー数を3倍（45万フォロワー）に増加させる。その経験を活かし、個人
でグルメ系アカウント「ウルフ【バズグルメクリエイター】」（@wolf.0313）を開設。
2021年、企業アカウントの運用代行やコンサルティングを行う「株式会社ウルフ」を
立ち上げ、これまで300社以上のアカウントと向き合う。SNS運用のプロとして、愛着
や親近感を生み出すSNSコミュニケーションを提案している。Instagramアカウント
のフォロワーは77万人。SNS総フォロワーは180万人（2023年9月時点）。本作が初の
著書になる。

ホームページ ▶▶▶ https://wolf-sns.com/

STAFF

装幀	小口翔平 + 阿部早紀子 + 青山風音（株式会社tobufune）
本文デザイン・DTP	櫻井ミチ
イラスト	平のゆきこ
編集協力	米田政行（Gyahun工房）　荒原文　吉田光枝
制作協力	上沼彩夏
校正	東京出版サービスセンター

元SHIBUYA109のSNS担当者が教える

インスタマーケティング

2023年10月10日　第1刷発行

著者	遠藤 優
発行人	土屋 徹
編集人	滝口勝弘
企画編集	浦川史帆
発行所	株式会社Gakken
	〒141-8416
	東京都品川区西五反田2-11-8
印刷所	凸版印刷株式会社

〈この本に関する各種お問い合わせ先〉
● 本の内容については
下記サイトのお問い合わせフォームよりお願いします。
　https://www.corp-gakken.co.jp/contact/
● 在庫については
　☎03-6431-1201（販売部）
● 不良品（落丁、乱丁）については
　☎0570-000577
　学研業務センター
　〒354-0045 埼玉県入間郡三芳町上富279-1
● 上記以外のお問い合わせは
　☎0570-056-710（学研グループ総合案内）

学研グループの書籍・雑誌についての新刊情報・詳細情報は、
下記をご覧ください。
学研出版サイト https://hon.gakken.jp/